生态视域下初中语文单元统整教学实践

臧 麒 刘 红 朱 芊 著

中国海洋大学出版社

· 青岛 ·

图书在版编目（CIP）数据

生态视域下初中语文单元统整教学实践 / 臧麒，刘红，朱芊著 . -- 青岛：中国海洋大学出版社，2024. 5

ISBN 978-7-5670-3824-0

Ⅰ. ①生…　Ⅱ. ①臧…　②刘…　③朱…　Ⅲ. ①中学语文课－教学研究－初中　Ⅳ. ①G633. 302

中国国家版本馆 CIP 数据核字（2024）第 072340 号

出版发行	中国海洋大学出版社		
社　　　址	青岛市香港东路23号	邮政编码	266071
出 版 人	刘文菁		
网　　　址	http://pub.ouc.edu.cn		
订购电话	0532－82032573 （传真）		
责任编辑	董　超	电　　话	0532－85902342
电子邮箱	465407097@qq.com		
印　　制	青岛中苑金融安全印刷有限公司		
版　　次	2024年5月第1版		
印　　次	2024年5月第1次印刷		
成品尺寸	170 mm × 230 mm		
印　　张	10. 5		
字　　数	160千		
定　　价	49. 00元		

发现印装质量问题，请致0532-85662115，由印刷厂负责调换。

目 录
CONTENTS

第一部分

为素养而教：
要素、支点和模式

第一章

生态视域下初中语文教学的整体变革

　　生态,从生物学的角度来说,揭示了生命体之间以及生命体与无机世界之间存在的一种极其复杂的相互关联。"教育生态系统是由作为活动主导因素的人与各种教育环境共同构成的人工生态系统,并且系统内部的各种活动都符合一定程度的生态规律。教育生态学旨在研究教育生态系统的结构和功能,力求使教育生态系统实现结构的最优化,发挥教育生态系统的最佳功能。"[①] 从方法论的角度看,生态往往指思考问题或看待世界的角度。生态视域强调以整体性、系统性的观点去理解世界,"不仅强调观察世界时环境事件之间的相互作用的过程,也强调这种作用过程所产生的结果及其后续效应的分析"[②]。

　　基于生态理论,本书将初中语文学习的全过程作为一个系统处理的对象,聚焦学生关键能力的提升,通过分析系统的结构和功能、各要素间的相互关系和变动规律,深入了解影响学生学习过程的多种因素,构建良好的语文学习生态系统。

　　布朗芬布伦纳提出了生态系统模型,包括微系统、中系统、外系统和宏系

[①] 王潇枭. 生态化视野下的中学语文课堂教学研究 [D]. 西安:陕西师范大学,2014.

[②] 王映学,段宝军. 教学生态研究的理论基础、基本框架及方法 [J]. 扬州大学学报(高教研究版),2023(04):32-42.

统。① 课堂教学活动的基本循环过程,可以看作一个微系统。但学生在学习的过程中,必然受到其他系统的影响。例如,评价反馈的方式不仅包括课堂提问、检测等,也包括回家后作业的完成等。每一个学生的差异不仅受到学校影响,也受到家庭、社会等方面的影响。学校的教育教学行为也会受到国家政策、社会环境等各方面的影响。例如,"双减"政策颁布后,各地市、各学校在学习内容、学习实践等方面做出了相应的调整。本书重点研究的是语文课堂教学的微系统,以及直接影响这个微系统的学校文化、其他学科学习、家庭学习、社区文化等。

课改之路任重道远,基于生态理论,重构我们的教学,为提高素养而教,这是一个结构化的改革之路。在宏观层面,我们要转变教师的教育理念,建立语文课程、学期方案、单元教学之间的联系;在中观层面,要不断迭代教学模式和教学方法;在微观层面,要优化课堂实施的策略,提高课堂教学技术水平。

一、顺应时代发展需求

(一)信息化时代,重新审视课程资源及管理评价方式

信息技术的飞速发展、人工智能的广泛应用,影响和推动了语文学习方式的转变。正如华东师范大学袁振国教授所说:"在这种形势下,只有实现线上线下深度融合、提供可选择的教育、转变教师角色、创新教育管理、建立合作沟通模式,才能积极适应未来教育的发展特点,应对互联网时代给我们带来的挑战。"② 我们需要重新审视语文的课程资源,并在这个过程中完善管理和评价机制。

(二)"双减"政策背景下,语文学习方式面临新的挑战

当前,义务教育阶段最突出的问题之一是短视化、功利性的问题尚未根本解决。党中央对此高度重视,2021 年 7 月中共中央办公厅、国务院办公厅印发

---

① Urie Bronfenbrenner. The Ecology of Human Development[M]. Cambridge:Harvard University Press, 1979:29.

② 袁振国. 以变应变:关于中国未来教育的思考与对策以变应变 [J]. 决策与信息,2018(02):10-19.

了《关于进一步减轻义务教育阶段学生作业负担和校外培训负担的意见》（以下简称"双减"政策），强调"全面贯彻党的教育方针，落实立德树人根本任务，着眼建设高质量教育体系，强化学校教育主阵地作用"。"双减"政策的出台，对学校教育提出了新的要求。学校需要最大限度满足家长与学生的教育需求，提高课堂效率、课后服务水平、寒暑假托管服务水平等，目的是让学生可以不用去校外培训机构，达到最大程度的减负。

从生态角度看，我们需要正确处理授课课时与学生负担的关系。作为语文老师，我们首先要反思一下，我们的课时都花在了哪里，是带领学生读书，还是背诵记忆？是带领学生进行了深入探究，还是大量讲授？显然，传统的教学中，教师的讲授多，学生的重复训练多，而实践动手探究类的负担过轻。因此基于生态教育理念，要对课程进行结构性调整。当前随着经济的发展，人民追求高质量教育的要求与当前教育的发展形成了一定的矛盾。教师不仅要关注课堂教学，也要关注学生的课下时间，包括寒暑假，要有意识地设计课程形态，将学生自主学习的管理纳入整体的教学管理之中。如果教师不能主动合理地优化这部分时间，不主动设计，学生的闲暇时间往往就变成了教育资本运作的市场，不利于教育的均衡优质发展。

基于生态观，当前初中语文教学不仅要用好教材，而且要依托统编教材，融合语文课堂内外的各种阅读活动，将语文教育由课内延伸到课外，通过延伸读物，全面、深入、个性地拓宽学生的阅读视野和提高辩证思维能力、培养浓厚的阅读兴趣、养成良好的阅读习惯，提升学生的语文素养。

（三）改善学生读写效果不佳的现状

经调查，初中生语文学习存在的主要问题是，虽然语文学习备受学校和社会关注，但其学习效果一直不理想。其原因之一是理论层面的研究多从教师的角度去构建体系，过度依赖课堂的作用，忽略了课外阅读的必要补充作用。部分一线教师在具体的教学实践中，未能充分考虑学习者的经验来选择恰当的教学内容和合适的教学策略，导致教学效率低下。而社会上的各类推广活动多从家庭、社区的角度倡导亲子阅读，虽然关注了舆论导向的作用，但缺少过程化的管理和细致的指导，导致形式大于内容。学校中，由于德育管理和教学管理分属两个部分,多年来课堂阅读学习与生活阅读积累始终未得到有效整合。因此,关注阅读教学,构建教育良好生态,建立循序渐进、内涵丰富的读写体系,既是时代发展的需要,也是促进学生全面发展、健康成长的要求。

二、基于《义务教育语文课程标准(2022)版》的转型

《义务教育语文课程标准(2022)版》(以下简称《新课标》)较之前课程标准的变化首先是知识观的改变,强调的是建构,具体体现在课程目标素养化、课程内容结构化、教学实施实践化、教学评价过程化四个方面。

《新课标》中对素养的要求,本质上是一套目标系统,是育人目标的具体化。从1952年的"双基"(基础知识、基本技能)到2001年的"三维目标"(知识与技能、过程与方法、情感态度与价值观)到2022年的"核心素养"(正确价值观、必备品格、关键能力),目标系统迭代升级。为了完成这个升级过程,当前国内许多专家提出了以"大概念"("大观念")来统合琐碎的知识点,强调学习内容的"少而精",教学不是在量上做功夫,而是要在"质"上做功夫,注重关联整合,建立概念、内容之间的关系,克服传统教学中以知识点讲解为主的教学推进方式,实现知识结构化的要求,提出了"任务群""大单元"等概念,倡导学习实践,培育学生在真实情境中解决问题的能力。

《新课标》指出:"核心素养是学生通过课程学习逐步形成的正确价值观、必备品格和关键能力,是课程育人价值的集中体现。义务教育语文课程培养的核心素养,是学生在积极的语文实践活动中积累、建构并在真实的语言运用情境中表现出来的,是文化自信和语言运用、思维能力、审美创造的综合体现。"

从这段文字中,我们可以看出,语文学科素养指向正确价值观、必备品格、关键能力,形成的条件是"实践活动",形成的过程是"积累""建构""表现",是"文化自信""语言运用""思维能力""审美创造"的综合体现。

素养的培养是一个循序渐进的过程,素养是学生在实践中形成的。因此,教学设计的视角首先要从课时转变为单元。因为只有在单元学习中,学生才能经历一个相对完整的学习事件。在落实《新课标》的过程中,教师要运用结构化思维,从课时教学走向单元教学,建立课时与单元、单元与学期、学期与课

程的关系。

学科实践是本次课改倡导的一种教学理念。《新课标》中每个学科都增加了 10% 跨学科的课时，强调的就是问题解决。有很多老师不愿意让学生经历实践的过程，认为探究占用时间很长、效率低，忽略了学生学习是理解建构的过程，知识获得来自体验，而不是知识记忆。只有经历知识实践的过程，像专家一样思考，才能体验到知识的意义。要让学生经历知识形成的过程，体验到解决问题的喜悦，感受到知识的价值。《新课标》强调"语用"，体现了文道统一的要求，提出了三个层级（基础性、发展性、拓展性）六个任务群（语言文字积累与梳理、实用性阅读与交流、文学阅读与创意表达、思辨性阅读与表达、整本书阅读及跨学科学习），任务群和任务群之间采用了关联的方式而非逐级向上的方式，这也是为了落实素养能够在语文实践活动中形成。

教学评价强调综合、强调过程。不仅是期中、期末检测要对学生进行评价，还要在课堂教学中通过学生作业等各个方面进行评价，使评价体现在学生的学习过程中，评价即学习。从生态教育视角来看，评价不单单追求结果，而是让学生有成长。过程性评价不仅仅是学会了知识，还要关注学生的态度、动机、合作意识等。

三、落实课程实施要求

课程是一种通过教师、方案、学生三者互动以实现教育意义的专业活动。课程是从清晰的目标出发，通过评价学生目标达成，需要经历设计、实施与评估的过程，是一项完整的专业活动。教师在实施课程的过程中，要基于生态观深入研究课标，明确相关要求，建立起课程、学期、单元三者之间的有机联系。

在一线教学中，许多教师缺少课程统观意识，未能从课程方案的视角规划各学期任务。学科课程方案是回答课程在学段、学期、单元、课时四个层面的课程设计文本，主要要素包括目标、内容、实施、评价。目标是回答学生要到哪里去，内容包括课程的结构、学习内容、学习素材或学习活动，课程的实施是回答学生怎样去的问题，评价是回答学生到了哪里以及教师怎么知道学生到那里的问题。编制课程方案意义深远，可以让教师从经验教学转向科学育人，更好地发挥课程整体育人的价值;有利于教师深入理解课程性质,整体把握课程的结构、内容与要求,形成课程意识和课程思维,明确语文课程的全貌。在具体实施的过程中,课程方案的编制不是一次性的任务,而是一个持续开发的过程。根据课程方案,教师再完成学期课程纲要,然后完成单元教学设计。

学期课程纲要,是在课程方案的基础上,合理规划本学期的任务,落实课标相关要求。学期课程纲要的规划是学科课程方案落实的关键。

素养立意下的初中语文教学,以单元为基本备课单位。因为课时太短,在课时视角下的语文学习,知识点是孤立的,学习活动是零散的,不利于学生能力的形成。而课程和学期的视角则太大,不利于操作。基于生态观,我们强调以单元为单位,持续培养学生的能力,进而指向学生素养的提升。在单元学习中,构建活动,让学生真正有体验、感受和感悟。从孤立的知识、独立的课时学习走向关联的知识、整合的单元学习,有利于知识的系统化、结构化,更有利于学科素养的培养。

单元作为易于操作和把握的基本单位,既可以是教材中的自然单元、学习单元,也可以是两者的组合。学习单元,指的是基于学情,依据课标要求,有效整合课程资源(包括但不限于语文教材)形成的学习内容。在单元教学设计中,合理制定单元目标,依托目标形成评价设计,在此基础上进行结构化的活动设计。学生在教与学活动中,依托任务经由自主建构形成自己理解的知识,教师通过课堂提问、课堂练习、课堂评价、回家作业、检测考试等多种方式进行反馈评价,与目标相对照,及时发现差异,进行优化,指导学生反思学习结果并改进。在整个学习过程中,学生经历了一个"完整的事件",可以作为一个生态微系统进行分析。

四、立足统整教学实践

统整,字面意思是统合、整理。在国内外研究中,统整是课程整合、课程综合化的一种方式,"目的在于向学生提供完整的知识图景,使学生能够融会贯通、灵活运用"。基于生态观,我们进行了多年的初中语文学科统整实践,以统编初中语文教材为主要的课程资源,力求解决语文教学中碎片化的问题,帮助学生建立起知识和知识之间、篇目和篇目之间的结构化联系，促进学生把知识点连成线，把线连成面，形成结构化的思维，综合运用知识有效解决问题或完成任务。

通过整合学习内容，我们可以构建由学习目标、学习任务、学习评价、学习资源等要素构成的学习生态系统。在教学中，从"单篇"设计走向"整体"设计，从知识目标转变为素养目标，教师引导学生从被动学习走向主动学习。在实践中，教师可以从教学内容的统整研究、教学要素的统整研究、单元教学的统整研究三方面进行进阶实践。

（一）教学内容的统整研究

教学内容的统整是指从主题、体裁、作家、写法、议题等角度对课文进行统整。具体是通过形成篇目之间的联系，比较异同，梳理归类，形成了基于学生经验的学习单元，建立了课文之间、课内和课外的有效联系。

例如：通过《藤野先生》《列夫·托尔斯泰》的比较阅读探究刻画人物的方法，将《故乡》《我的叔叔于勒》整合，围绕"少年视角看生活"的主题，让学生在预读感知的基础上进行精读指导，完成小说阅读法的学习、小说语言的品味以及主题的探究；统整《岳阳楼记》《醉翁亭记》，探讨"乐"，理解写法，体悟两位作者积极向上的思想；将教材所选的杜甫的六首诗歌（《望岳》《春望》《石壕吏》《月夜忆舍弟》《茅屋为秋风所破歌》《江南逢李龟年》）放在一起学习，让学生对杜甫及杜甫的作品有更深入的理解。此外，还可按体裁"律诗""乐府诗"、风格"现实主义诗歌""浪漫主义诗歌"、议题"诗歌背景与诗歌表达方式""贬谪诗"等不同角度进行组合学习。这种做法有效建立了课文之间、课内和课外的联系。

教学内容的统整虽然可以建立篇目之间的联系，促进知识的整合，但教学内容只是生态系统中的一个要素，统整的目的不是为了整合后教师换个角度讲，而是为了培养学生运用整合的知识解决问题的能力。

（二）教学要素的统整研究

我们对单元系统中的主要教学要素（教师、学生、教材等）进行了统整，即聚焦思维训练、关注学生积极参与，构建"以学生为中心"的语文课堂。教学内容成为学生完成任务或解决问题的资源；教师从课堂的传授者转为学习支架的提供者；教学方法的选择服务于学生的学。我们提出了以产出为导向组织课堂活动，主要形成了三个实施策略：以朗读展示为学习成果的读思结合教学策略，以问题解决为学习成果的激辩生成教学策略，以创造产品为学习成果的读写融合教学策略。

例如，《我的叔叔于勒》中读好"这就是我的叔叔，父亲的弟弟，我的亲叔叔"这句话，以这一句话的理解为"问题"，以"朗读"为展示方式，促使学生理解作品内容、人物形象、作品主题。教学要素的统整促进了知识的统整，提供了教学实施的策略。

（三）单元教学的统整研究

根据统编初中语文教材每个单元内的阅读选文都有相对集中的主题的特点，依托读写之间的联系，我们有意识地进行读写融合，形成了基于成果导向的"单元读写共生教学模式"。本教学模式以单元为单位进行备课，可以是自然单元，也可以是自己组合的学习单元。这样的单元架构，打破了课时壁垒，改变了以往以单个知识点、单篇课文组织内容的思路，有利于知识的系统化、结构化，更有利于学科素养的落实。

其任务设计的基本流程包括以下三个方面：一是梳理核心知识；二是设计成果形式（这个成果必须是运用相关核心知识才可以完成的）；三是设计任务情境（体现价值关切，通过情境要素来调整任务难度）。例如，八年级上册第一单元新闻单元的设计，首先要理清本单元的核心知识，如消息、新闻评论的特点，新闻的倒金字塔结构等，之后设计的任务就必须用到这些知识，为此设计的任务为制作一期新闻特刊。又考虑到是开学的第一周，时间临近教师节，最终设计任务为制作一期教师节新闻特刊，体现价值关切。

（四）教学模式的基本流程

教学模式的基本流程包括以下五个方面。

（1）成果分析，确立标准。从输出端设计本单元要达成的学习成果，包括但不限于方案、产品、课本剧、海报、作文等。同时形成最终成果的表现性评价标准或评价维度。

（2）分解任务，建构理解。根据最终成果，研究达成成果的条件，分解学习任务，形成多个子任务，在子任务中建构对单元内核心知识的理解。

（3）合作探究，形成成果。通过小组合作的方式，完成最终成果。

（4）基于标准，修改成果。完善最终成果的评价标准，通过合作的方式，修改完善成果。

（5）展示成果，深化理解。进行最终成果的展示，各组依据评价标准进行评价，同时通过反思、总结的方式，深化对核心知识的理解。

例如，七年级上册第一单元中的《春》《济南的冬天》《雨的四季》《古代诗歌四首》，其人文主题是"亲近自然、热爱生活"。基于成果导向的单元读写共生教学模式首先要确定本单元的核心知识：把握好重音和停连，感受汉语声韵之美；揣摩和品味富有表现力的语言；写景常用的修辞手法（比喻、拟人）及其表达效果；写景常用的表现手法（多感官运用、动静结合、想象联想）及其表达效果；抓住景物的特点，合理选用素材；情景交融、借景抒情的写法。

根据核心知识的梳理，结合课标要求设定本单元的教学目标。在此基础上设计驱动性问题：如何写景，才能打动人心？最终成果指向写作，可以让学生制作身边景物的电子手册（以写为主），也可以完成一篇写景作文。

确立了最终成果，就要深入研究如何制定评价标准、如何完成成果。可以让学生从朱自清、老舍先生等的文章中找到依据，深入学习，以写作带动阅读。完成写作成果后，再比照课文，深化阅读理解，实现读写共生。

（五）研究反思

初中语文统整教学研究，主要是为了解决语文教学中知识碎片化、思维训练浅层化的问题。通过整合，强调学习知识的结构化、学习的意义化，将单元目标升级为素养目标，在单元教学过程中持续地关注少而精的必备品格和关键能力的培养，特别是学生高阶思维品质的培养，落实《新课标》提出的综合性、实践性的教学要求。

教学实施的过程中，需要从传统"学以致用"的逻辑走向"用以致学"的任务逻辑。学生要完成这个任务,就必须学习相关文章中的知识,在运用知识解决问题的过程中提高自己的能力。任务的全称是学习任务,完成任务的主体应该是学生。我们研究任务的目的是走向"以学习者的学为中心"的语文课堂。

我们在实践中发现,一线教师普遍认为"大概念"比较抽象。因此,基于"大概念"的组织方式,是否适合本土的语文教学,是否能有效落地,都值得反思。此外,关于情境的创设,不仅应用情境,"文学体验情境"也是非常重要的情境,这是大家经常忽略的。在教学实施中,采用学习任务推进时,任务很多时候不能与课时一一对应,有的任务可能需要 1.5 课时,有的任务可能需要 0.5 课时,需要教师从课时进阶的思路转向任务进阶的思路。

第二章

基于共生理念的单元设计四要素

学科核心素养是学科教育在全面贯彻党的教育方针、落实立德树人根本任务、发展素质教育中的独特贡献，是学科育人价值的集中体现，学生通过学科学习而逐步形成的价值观念、必备品格与关键能力。无论是促进学生形成价值观念，还是培养学生的必备品格和关键能力，都无法在一两课时内完成，因此只有聚焦单元教学，才能实现这一要求。

一、理论与实践的双重反思

（一）当前教学中存在的问题

在日常教学中，教师大多重知识点训练，轻素养能力培育。知识点间缺少必要的关联性、层次性、逻辑性，教师多采用线性、单篇推进的方式，读写割裂，分析琐碎，缺少结构化的组织方式，这种"泛而不精"的教学取向导致学生思维能力训练不足。尽管 2017 年统编教材已经在全国范围内使用，2022 年又颁布新版义务阶段的课程标准，但是多年来形成的教学范式在某种程度上制约了课堂教学的发展，由于初中升学压力较大，大多数教师依旧采取传统保守的、以接受式教育为主导的授课模式。

素养导向下的教学设计，要关注的是学生能做什么，而不仅仅是学生知道什么；要重视学生的理解运用，而非重复识记。

（二）生态视域下单元整体教学的思考

从生态理论的角度对教学进行反思，生态系统是在一定区域中共同栖居着的所有生物与其环境之间由于不断进行物质循环和能量流动过程而形成的统一整体。它不仅仅是一个地理单位，还是一个具有输入与输出、有着一定自然或人为边界的功能系统单位。这种功能主要表现为物质流、能量流和信息流。从这个角度来看，课堂教学活动，无论是从课时出发还是单元出发，大体上会经历这样的循环过程：教师以一定的方式表达目标知识，学生经由自主建构形成自己理解的知识，教师通过多种形式的反馈评价学生的达成度，同时对照教学目标发现差异，提供反馈并采取措施进行修正。从信息流角度分析，教师传递信息的方式对学生的知识建构会形成重要的影响，也同时影响了后续措施的使用。因此在这个过程中，我们重点研究什么样的信息传递才能更好地达成目标，减少信息流的耗损。

（三）基于信息加工理论的实践与思考

信息加工理论提出学习本质上是一种认知过程，包括信息输入、信息加工、信息输出三个环节。传统的教学往往重视输入环节，却忽视输出环节，只有从单元角度整体架构学习过程，才能从传统的以知识传授为中心走向以素养培育为中心。这也意味着，我们需要从传统关注"教"走向关注学生的"学"，重视输出端对输入端的驱动作用。如何选择和组织学习内容，让学生采用什么样的学习方式，如何通过促进学习的评价保证教学过程的实施和教学目标的达成，这将是我们实践改革的重点。

（四）构建"以学习者的学为中心"课堂的需求

多年来我们努力追求素养导向下语文课堂教学的转变，注重实践化、综合化教学，努力构建"以学习者的学为中心"的课堂，探索适合一线教师的教学模式。

教学模式往往来源于特定时期的某种教学理论，而教师教学行为的变化往往会促进学生学习方式的变化。中国多年来受到了以凯洛夫为代表的教学阶段理论及其教学模式的影响，程式化现象严重：复习、讲授、巩固、作业，成了多年来教学的主流方式,课堂的重心仍旧是教师的讲授。随着先进教学理念和方式的不断涌现,很多教师渴望改变现状,但可供借鉴的案例较少。因此构建易于操作的单元整体教学模式并提供实施策略,是改变当前语文教学现状的关键。

（五）系统视域下教学的历史发展

基于生态观,从系统的视角建构起系统内各要素的关联,国内外均对其进行了积极的探索。多年来,我们积极寻找全面提升学生核心素养、促进教学范式转换的路径。

1. 国内的实践研究

国内初中语文教学尝试通过读与写的结合,改变教学中"少慢差费"的现状,积极构建教读、自读、课外阅读三位一体的阅读系统,培养学生的阅读能力。近年来又加强了单元统整实施策略的研究,如采用任务驱动、项目式学习等方式。

在读写结合方面,丁有宽提出"读写结合五步训练",从写好一句完整的话,到练好句群,再到写好段落、练好篇章,最后到综合提高。[①]黄厚江提出"共生树"式教学,选点训练,从学生的原初体验出发,解决学生阅读写作中的问题。[②]针对"读写结合"的教学现状,张心科认为很多老师没有厘清读与写的关系,导致语文课程知识建构、语文教材编写、语文教学内容确定、语文教学方法选用方面问题丛生,阅读教学成为写作教学的附庸,不利于独立的读写知识、技能体系的建构。[③]

在阅读系统化方面,杜春认为统编初中语文教材阅读体系包含教读系统、自读系统、课外阅读系统三个部分,新的阅读体系对培养学生的阅读能力起到

---

① 丁有宽. 丁有宽与读写导练 [M]. 北京:北京师范大学出版社,2006.

② 黄厚江. 语文课堂寻真:从原点走向共生 [M]. 上海:华东师范大学出版社,2016.

③ 张心科. 阅读与写作教学中读与写的异同——重新审视"读写结合" [J]. 语文建设,2021（08）:18-23.

了积极的推动作用。[①]王君和张绪凤提出,应遵循"三位一体"的阅读原则,有课型区分,有能力侧重,有素养指向,研究文本特质,才能发挥好统编教材的支架作用。[②]

在统编初中语文教材单元整体教学研究方面,刘春文认为使用统编语文教材教学,教师首先要考虑的问题是应该如何加强单元整合。整合主题,采用项目式学习,推进古诗文单元统整教学,是一种有效策略,可以引导学生在由点到线、由线到面的文本探究中,促进语文核心素养不断提升。[③]嵇康认为单元统整教学在初中语文课堂的实施,是从单一维度的教学视阈的转变中实现了统整式教学维度的生成,促进了教与学的联动性构建。单元统整教学要从其深度、广度入手,探索统整教学中学习任务设计与实施的策略。[④]

对于统编教材阅读体系,一些专家学者已经提供了实用性的教学策略与建议,为一线教师的教学提供启发,但相关研究成果中,多以单篇课例和部分篇目的整合为主。对单元整体实施及其策略多停留在理论层面,经由实践反思得出的实际经验成果较少,缺少具有说服力的具体案例实践支撑。

2. 国外关于阅读体系的研究

国外相关理论研究较早,布鲁纳的教学过程理论为阅读体系的建立提供了学科逻辑理论,皮亚杰的发生认识论为阅读体系的构建提供了心理逻辑理论。21世纪,全球很多国家、地区尝试从多个角度完善阅读体系的构建。例如,加拿大2010年出版的母语阅读教材《精通阅读》的主体部分是由三个阅读认知水平统领,具体内容由一般到具体横向铺开,思维层次由低阶到高阶纵深发展,清晰地呈现出特定年级内通用的阅读认知水平、文学类文本的阅读认知水平以及批判性思维的阅读认知水平,并对每一阅读素养的目标要求、必备知识

① 杜春. 基于统编初中《语文》阅读体系的教学策略 [J]. 中学语文,2021(06):15-17.
② 王君,张绪凤. 依据文本特质,有效落实"三位一体" [J]. 语文建设,2018(16):17-20.
③ 刘春文. 整合主题,推进古诗文统整教学 [J]. 语文教学通讯,2020(35):40-43.
④ 嵇康. 初中单元统整教学任务的设计 [J]. 中学语文教学参考,2020(21):18-19.

都做了具体的阐述。[1] 德国近年来对培养学生的阅读能力积极探索与大胆实践，课堂内外的多元化阅读项目与多样化阅读形式使德国学生的阅读兴趣、动机、能力均得到了扎扎实实的培养。学习德国中学培养学生阅读能力的实践经验，有利于我们探索适合我国中学生的阅读能力培养模式。[2] 芬兰从线下阅读引导和线上阅读助力两个方面提升学生的阅读能力。线下为学生创设多样化的学习环境和阅读活动，线上开展文学阅读的学习和教育，成为芬兰阅读教育的一大特色，引发了其他国家的关注、研究和效仿。[3]

3. 对已有研究的反思

综上所述，国外的案例虽无法直接应用到本土实践中，但为我们提供了实施的策略和方法。国内关于初中语文阅读体系的研究主要立足于统编教材的设计理念和特色，停留在教材本身"三位一体"阅读教学的理论研究和策略研究层面，且只有少量的实践探索研究。为此，我们在初中语文阅读现状分析基础上，探索并建立了一套适合区域初中语文教学的单元读写体系，挖掘阅读深度、拓展阅读广度，运用一定语文活动促进阅读。在深度学习中培养学生的理解能力、鉴赏能力和创新能力，在阅读中培养学生的高尚情感，建立合理的阅读评价体系，提升学生的核心素养，实现文化传承与理解。

根据教材读写结合的特点，将隐性读写教学体系和显性读写教学体系共同建构为初中语文读写一体化教学实施体系，有效链接写作专题、读写知识、助学系统，以结构化、意义化的组织方式优化教材使用的方式。根据《新课标》的学段目标要求，将知识与能力训练点细化落实到各个单元。

二、单元设计的四个要素

传统教学以课时为备课单位，读和写往往会割裂，篇目和篇目之间往往缺少联系。基于生态观，单元的架构需要打破课时壁垒，改变以往以单个知识点、

① 　严凁，魏小娜. 加拿大母语教材《精通阅读》(5～8年级)的编写特点及启示 [J]. 中学语文教学,2020(08)：83-86.
② 　王克强. 德国中学培养学生阅读能力的路径 [J]. 中学语文教学,2019(01)：83-85.
③ 　王克强. 芬兰提升中学生阅读能力的路径 [J]. 中学语文教学,2020(03)：86-88.

单篇课文组织内容的思路,有利于知识的系统化、结构化,更有利于学科素养的落实。

通过多年的实践,我们认为构成单元设计的四个主要要素为单元设定、单元目标、读写活动、单元评价,其中单元目标是灵魂,其既是单元设计的起点,也是学习的归宿。

(一)要素一:单元设定

单元设定,即教学内容和教学资源的选择。如前所述,单元是一个教学单位,单元可大可小,以适合学生学习为宜。因为区别于传统教学中对"单元"的理解,我们将单元学习的过程看作一个微系统,所以在内容和资源的选择上要依托学情进行重构。在单元学习的过程中,让学生经历做事的过程,聚焦于学生学科素养的培育。

从语文教学的特点来看,单元往往有对应的学习主题。组织方式上可以灵活处理,既可以遵循教材编写逻辑,采用我们教科书中最常用的自然单元,也可以根据阶段学习要求跨单元进行组合。语文教师需要转变思想,"用教材教",而不是"教教材",通过合理使用教材,落实课标要求,培养学生素养,而不是照本宣科教教材中的内容。教师还可以从学情出发,依托学科核心素养发展的逻辑重构单元,在单元设计中链接日常生活、社会生活等资源,组织学科内的项目学习,设计真实情境下的学习任务,聚焦真实问题的解决进行跨学科的单元学习。

(二)要素二:单元目标

单元目标是教师比较熟悉的概念,在单元目标的制定中,要根据《新课标》、文本、学情进行综合分析。在实施的过程中,教师要对目标进行分解,设计伴随学习进程的评价。

(三)要素三:读写活动

单元学习活动的实施过程以读写活动为主,根据单元目标和评价标准来设计,注重产出导向,建立读和写的联系。

读写活动可依课文和课文之间的关系进行不同的设计。例如统编初中语文教材的四个"活动·探究"单元,学习内容体现了层递式结构,通过设计多个子任务,完成活动或项目,各子任务为解决问题进行了读写深度融合。

在读写活动设计中,依据单篇文章的价值,可分为先归纳后演绎、先演绎后归纳的设计方式。先归纳后演绎,一般指先学习一篇文章,抽象出共性的阅读策略,再应用于其他文章的学习,然后迁移至写作。先演绎后归纳,指的是依次学习多篇文章,从中总结出共性的策略,然后迁移至写作。在实际教学中常常综合运用两种方式。

（四）要素四：单元评价

通过课堂提问、练习、作业与测验等多种反馈评价方式,与教学目标进行对照。达标后即进行下个循环,未达标即依托学情采用多种方式帮助学生进一步建构理解。

在单元设计中,各板块之间不是割裂、松散的,而是整体关照、互相联系的,遵循单元目标、读写活动、评价反馈的一致性原则。

传统的教学设计中,学习目标、读写活动、学习评价是一种顺向的关系,即设计目标,依托目标设计教学活动,通过讲授、巩固等方式学习知识,最后通过检查来确认是否达成目标。这种设计的思路,由于目标和评价分在了两端,学生在进行学习活动的时候没有可参考的评价标准,教师进行教学的时候也缺少具体的证据来证明学生是否达成了目标。这就导致了目标和评价割裂的情况。因此我们强调内嵌于教学过程的评价,强调目标与评价的一致性。在教学的过程中,及时收集学生学习的信息,并参照目标做出基于证据的解释或后续的决定,让评价更好地促进学生学习,为学生的学习带来增值。这就要求评价设计要优先于教学活动设计,教学、学习和评价是融合在一起的,评价在教学或学习活动的过程中完成,即伴随式评价。

三、读写共生理念的运用

（一）读写共生的内涵与理解

共生是生态理论中一个重要的概念。共生是指两种不同生物之间所形成的紧密互利关系。在共生关系中,一方为另一方提供有利于生存的帮助,同时也获得对方的帮助。

语文的读写共生教学,是立足于母语教学的基本规律,运用共生理论协调语文教学的种种关系和矛盾,实施语文课程的教学,实现学生语文素养提升的教学方法。

阅读与写作,乃语文教学的两翼,其重要性不言而喻。《新课标》规定,"语文课程致力于全体学生核心素养的形成与发展",培养学生的核心素养已然成为教学活动开展的主要命题。就语文学科而言,学生需要具备良好的听说读写能力,拓展语文学习空间,提高语文学习能力。阅读和写作作为学生发展读写能力的主要途径,能够有效提升学生的语文综合能力。因此,我们不仅要夯实阅读和写作这两项最基本的语文能力,还要找到两者的"契合点",让阅读和写作从"结合"上升为"共生",从"单向联系"跨入"相互促进",激发学生的主观能动性,激活学生的发散创造性思维,使其逐步从应试教育背景下的套用模板的思路中解放出来,从而提高语文读写综合能力。

读写共生,伴随着共生理论的不断发展而出现在语文教学之中,最早的提出者为全国语文名师黄厚江先生。共生的本质是协商、合作与融合,强调的是相互之间的依存和促进关系,最终达到共生互惠的状态。读写共生,是指在语文教学过程中,通过阅读和写作之间的不断往复和交融,在信息的输入、输出过程中,实现言意共生、促进言语生命成长的融合性过程。

读写共生的核心是阅读与写作之间相互联系、相互促进,共生互惠,最终达到阅读水平和写作能力协同提高的理想境界。它立足于母语阅读与写作的基本规律,运用共生理论协调阅读与写作教学中的种种关系和矛盾,实现学生语文阅读与表达素养的提高,让学生在读写实践中形成读写体验,在读写实践中掌握读写方法,在读写实践中形成读写经验,在读写实践中培养读写能力。

无论是在单元教学还是单篇文章的教学中,都是既有读的活动又有写的活动,写是读的延伸、深化和输出,读是写的输入、储备、铺垫。读写共生不仅仅是读写结合,更是共生后生成的新东西,实现"1＋1＞2"的目标,重在课堂的生成和生长。

（二）读写共生教学的理论框架

根据统编初中语文教材每个单元内的阅读选文都有相对集中的主题特点,依托读写之间的联系,有意识地进行读写融合。其理论框架如图2.1所示。

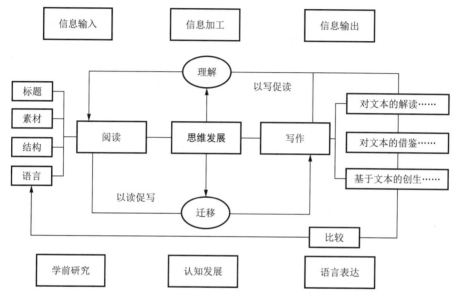

图 2.1 初中语文"单元读写共生"教学模式理论框架

从写作的角度来看,阅读的过程是写作前的研究阶段。在这个阶段,需要引导学生有意识地进行写作积累,借助阅读中的情感共鸣,唤起学生的个人经验,触发写作动机,即以读促写。从阅读的角度来看,学生的写作内容可以是对文本的解读,也可以是对文本结构、语言等方面的借鉴。写作这种方式,促进了学生更好地理解阅读知识,即以写促读。

在写作创生阶段,教师引导学生主动将个人创作与课文进行比较,阅读文本中的技法可以转化为学生写作与修改的支架。在这个过程中,学生自觉关注文体特质、主题思想、美学价值等,并形成学习反思。此过程促进了学生阅读理解和写作能力的提升,使其学习从被动接受转变为主动选择。

例如,执教八年级上册课本第一单元,我们依托"活动•探究"单元的特点,系统规划了新闻单元的活动实施方案。任务一对课内文本进行学习和整理,注重信息输入;任务二侧重简单新闻体裁的写作,以读促写,以写促读,注重信息输出;任务三以小组为单位进行综合运用,以产出为导向,实现读写共生。在制作新闻特刊的过程中,教师引导学生从制定评价量表开始,以终为始,一步步完成了确定主题、安排版块、分配写作任务、排版校对等新闻制作流程。全新的创作体验让学生深入其中,在解决问题的过程中习得知识,运用知识。

再如,九年级课本第一单元是诗歌单元,我们在集体备课(简称集备)时确定了单元整体教学的四课段10课时的任务。第一课段,整体规划,借助助学系统分篇落实诗歌鉴赏策略;第二课段,打通诗画界限,从审美体验转向理性认识;第三课段,创设情境,以诗会友,让诗歌走入真实生活;第四课段,借助课内所学,引领学生诗歌创作。在作业设计环节,形成了集形式趣味性、层次菜单式、评价区别化于一体的单元作业。

基于读写共生教学策略,教师有效拓展群文阅读、整本书阅读。例如,中秋节时,教师组合新的学习单元,以"诵明月之诗,歌窈窕之章"为主题。带领学生"讲中秋之事""诵明月之诗""绘诗中之景""以月行令""以文传情",实现读写共生。在《艾青诗选》整本书教学过程中,可用"新编艾青诗选"为任务驱动,设计三个子任务,带领学生走进文本,把握意象的内涵、语言特点,总结诗歌的写作技巧与方法,为诗歌的创作做铺垫。在任务三中,学生需要回顾《艾青诗选》中的基本意象、基本色调等内容,并通过设计、讨论、交流最终形成新的产品《新编艾青诗选》,完成产品输出。

(三)依据课型确定实施路径

统编初中语文教材编写采用人文主题与语文要素双线组织单元的结构形式,在日常的阅读和写作教学过程中,还是以分开的居多,因此读写共生的真正落实,可以依据不同的课型采取不同的实施路径。

1.基于阅读的读写共生:立足阅读,以写促读

在阅读教学过程中,教师依据文本特点和教学需求,适时穿插一些适量适度的、与此时此景的文本阅读密切关联的写作实践环节,使之既促进深度阅读又锤炼写作能力。

在教学文本的重点处、难点处、关键处，抑或学生阅读的忽略处、易错处、疑惑处，教师精心设计并自然得体地配以适量的写作实践活动，让写作不仅肩负起促进阅读的认知功能，还具有表情达意的交际功能，进而达成阅读与写作相互交融、合作双赢的共生效果。

2. **基于写作的读写共生：为了写作，以读促写**

在写作教学过程中，教师依据作文题目（话题）、训练目标，有针对性地引进一些与写作密切相关的典型语句、示范片段或同类文本让学生进行阅读鉴赏，使之既能提高写作水平又能拓宽阅读渠道、分享阅读的甘甜。

基于写作的读写共生教学，就是阅读为写作服务，重在通过精要阅读为写作提供语言积累、素材资源和写作技法、文本样式等素材，同时又为阅读本身打开一扇明艳的窗。

3. **基于任务的读写共生：专题读写，多元融合**

这是指借助阅读和写作的共同配合，多元合作，完成某一项任务的读写共生教学策略。此时的阅读和写作，已不再是看上去似乎简单的以读促写和以写促读，而是有着深度融合的携手共进，它们随时交互影响，相互作用，共同促进，综合参与意义的建构和任务的完成，逐步实现从读写结合到读写共生的跨越。

（四）读写共生教学策略的实施要求

读写共生不是简单的读、写相加，而是因课制宜，它的最终呈现需要在教、学、评三个环节上达成一致。

尊重学生，尊重教学规律；因课而异，灵活设计共生策略；取舍得法，整合设计共生资源。单元整合也是整合设计共生资源的一种方法，在具体的教学实践中，教师也可以从写作要求、主题探讨、写法积累等角度进行文本的选择和取舍。

尊重学情，读写共生学习目标设计强调差异性和个性化；以《新课标》为依据，让读写共生学习目标设计合乎规范、要求；正确把握教材特点，让教材成为读写共生的主角。

读写共生教学中,还应注重评价:构建多元、开放的评价机制;注重过程性评价,将积极、良性评价贯穿于语文教学全过程;进行表现性评价任务干预,实现教、学、评整合。

以读引写,以写促读,读与写相辅相成,共同促进,这才是语文本质的体现。依据统编语文教材,善于发现两者的"共生点",创新读写教学方式,构建有效的训练体系,引导学生多角度切入阅读文本,鼓励其在生活和学习过程中有意识地积累写作素材,掌握良好的写作技巧和写作方法,才能从根本上实现读写素养的提升。

(五)基于读写共生教学理念的教学任务设计

《义务教育语文课程标准(2022年版)》明确指出:"设计语文学习任务,要围绕特定学习主题,确定具有内在逻辑关联的语文实践活动。语文学习任务群由相互关联的系列学习任务组成,共同指向学生的核心素养发展,具有情境性、实践性、综合性。"

以七年级下册课本第二单元为例,结合本单元的学习资源(五篇文章)、关于抒情的写作要求和"天下国家"的主题性综合学习,以及单元导语中的"家国情怀"人文主题和精读、抒情方式、做批注语文要素的学习要求,根据读写共生教学策略要求,我们设计了本单元的核心(驱动性)任务:学校组织开展主题为"我爱青岛"的宣讲会志愿服务活动,宣讲内容包括以"山海情"相关内容为题目的抒情诗(山海篇)和以"我眼中的青岛英雄"为题目的美文(人物篇)。现需要完成宣传文本的写作。

为了完成本单元这一核心任务,教师对本单元学习资源进行了整合:包括阅读以"山海情"相关内容为题目的抒情诗,主要包括单元内的《黄河颂》《土地的誓言》两篇文章,又增加了《我爱这土地》这篇文章,为学生提供关于青岛的山海、历史图片。第二个大任务是撰写题为"我眼中的青岛英雄"的美文。阅读经典文章《老山界》《谁是最可爱的人》《木兰诗》,为学生提供补充阅读材料《青岛辛德勒丛良弼》《微尘》,从中提取借鉴点,完成美文写作。

1.过程推进的读写共生

以第一课段第三课时为例,本节课主要任务是完成以"山海情"为题目的抒情诗的写作。在任务驱动下,教师带领学生回顾必备知识抒情方式和做批注。设计四个子任务,完成以下任务。

▶任务一:诵读涵泳,以声传情

诵读《黄河颂》"颂黄河"部分,体会抒情方式和爱国情感;诵读《土地的誓言》改编的诗歌,体会意象、情感以及了解诗歌的形式。

▶任务二:拓展阅读,迁移运用

通过圈点勾画做批注的方式自学艾青的《我爱这土地》。

▶任务三:比较阅读,梳理归纳

小组合作学习,完成表格学习任务单。

▶任务四:搭建支架,读写训练

课件中出示青岛山海美景图片及德日对青岛的侵占恶行的相关资料。学生完成写作,展示交流,评价修改。

整个设计呈现的样态就是主任务统领,子任务推进,每个任务通过具体活动来实现,让学生在实践活动中积累与建构。由诵读涵泳到拓展阅读到比较阅读再到读写练习,实现了学习的衔接和进阶。

2.在任务推进过程中实现读写共生

单元任务的设计包括核心任务、课段子任务、每节课的任务等。多项任务就会形成任务群或者任务链。任务群不仅体现着任务之间的衔接性,还体现着任务之间的进阶性。用任务推进学习,使学生在完成任务过程中成长。

（六）实施与反思

读写共生教学策略的应用和推广,转变了教师的教学理念,改变了学生的学习方式,促进了学生思维的发展与提升,在项目实验学校及区域教学中取得了显著的成效。

一是助推学生综合素养的提升。本项目推动了统编初中语文教材的校本化进程:对统编初中语文教材中的写作教学资源的梳理、整合、挖掘,丰富了写作教学资源；对教材的创新整合，系统规划了单元读写教学的内容，创新了课堂教学实践，促进了学生思维能力的发展。

二是显著提升了区域教学质量。本项目有效促进了初中语文教学的深度变革，为教师的教学提供可操作、可反思的教学设计和案例，提升了语文教学的实效性。

三是有效促进了教师专业发展。本项目实施后，促进了教师观念的转变，带动了参研教师的教育教学行为的转变，使得教师对新课程标准的理解更加深入，对教材内容的把握更加准确，对课堂教学的设计与实施更加有效，教学方法和教学手段更加灵活；转变了教师的教学理念，对教材进行了创新整合，系统规划了单元读写教学的内容，创新了课堂教学实践，促进了学生思维能力的发展；有效促进了初中语文教学的深度变革，为教师的教学提供可操作、可反思的教学设计和案例，同时也促进了参研教师的专业发展。

生活处处皆语文，语文处处皆生活。在实践中关于四个要素的研究还有很多问题需要我们去努力解决。如生活化观念的缺失、写作训练的功利化、评价手段的滞后僵化等问题还有待于进一步研究解决。我们的教学必能基于生活、反映生活、服务生活，激发学生的读写兴趣，使学生由被动完成任务到主动地抒写真性情、真感悟，在读写的同时，促进学生思维的发展和认识的提高。

第三章

基于成果导向的单元读写活动设计的三支点

随着成果导向教育（Outcome-Based Education，OBE）理念在国内的实践与推广，"产品"这一概念逐渐进入教学设计领域。产品是一组将输入转化为输出的相互关联或相互作用的活动的结果。当前，深度学习、项目化学习等教学方式，都强调基于真实的问题或任务，生成"学习产品"。《新课标》明确指出"义务教育语文课程培养的核心素养，是学生在积极的语文实践活动中积累、建构并在真实的语言运用情境中表现出来的"，教师要着力培养学生的思维能力。因此，通过聚焦"学习产品"这个设计支点，运用实践的方式，可以让学生获得成就感，激发学习动机，促进学生思维发展。

一、以"学习产品"为支点组织教学，着力培养学生的思维能力

应试教育背景下，很多教师在日常教学中重知识点训练，轻素养能力培育。他们的教学中往往读写割裂，缺少结构化的组织方式，这种泛而不精的教学取向导致学生思维能力训练不足。

信息加工理论提出，学习本质上是一种认知过程，包括信息输入、信息加工、信息输出三个环节。传统的教学往往重视信息输入环节，却忽视信息输出环节，因此信息加工这个环节也就难以有效进行。在教学中，教师可以从信息输出环节进行设计，驱动学生学习，建立信息输入、信息加工、信息输出三者的

有效联系,解决当前语文教学思维训练不足、能力培养被忽视的问题。

OBE 是一种以学习成果为导向的教育理念,遵循的是反向设计原则,其逻辑起点是内外需求。聚焦"学习产品"的设计,关注的是学生能做什么,而不仅仅是学生知道什么;重视的是学生的理解运用,而非重复识记。

将 OBE 运用到语文课堂,从信息输出端逆向思考自己的教学设计,意味着以"产出"为导向组织课堂活动的教学实施方式,即以"学习产品"为支点组织教学行动。从学生的经验出发,促进课堂向"以学习者的学为中心"转变。通过获得成果激发学生学习的内驱力,让学生在独立思考、合作探究、展示反馈的过程中建构知识、发展思维、提升智慧。

二、根据"学习产品"形式,读写活动设计支点的使用策略

在语文教学中,"学习产品"的主要形式包括朗读表演、问题解决、作品创造等。依托这三种不同形式形成了三种教学策略,即读写活动设计的三个支点。这三种教学策略既可以应用于单篇文章阅读教学的局部设计,也适合于整篇文章和单元的架构。

(一)设计支点一:以朗读、表演为"学习产品"

设计支点一是以朗读或表演等形式作为"学习产品",通过带领学生读好一两句话、表演好一个小的场景,进而建构起对全篇文章内容的学习。其以深度学习带动广度学习,改变传统课堂教学依托知识点串讲的形式。

以统编初中语文教材的经典课文《我的叔叔于勒》为例,笔者在教学中从题目切入,使学生关注到这篇文章是从若瑟夫的角度去写的,并迅速找到了题目与文章内容的呼应之处,即若瑟夫的一句心理描写,"我心里默念道:'这是我的叔叔,父亲的弟弟,我的亲叔叔。'"整堂课教师与学生一起分析如何读好这句话。学生在试读中,基于对整篇文章的理解,读出了若瑟夫的无奈、对于勒叔叔的同情、对父母的不理解。通过读好"这一处",师生多元解读了作品的主题。学生不仅读出了菲利普夫妇的自私冷酷、唯利是图,读出了资本主义社会人与人之间的金钱关系,还读出了作者对时代的评价,读出了小人物的辛酸与悲苦,甚至读出了作者在若瑟夫身上寄予的对善良人性的呼唤。

在传统的以讲授为主的课堂中，讲到菲利普夫妇的性格和作品的第一层主题，教师往往会用一课时甚至更多的时间去解读，教师的喋喋不休其实是无效的。以本节课为例，课堂始于学生的经验，聚焦于朗读展示这种"学习产品"，似乎在课堂上只处理了一句人物心理描写。但读好这句话，学生就必须把握人物形象，分析情节、环境，理解"我"此时的心理。文章的重点知识和内容不仅都涉及了，还促使学生在认知加工的过程中进行积极建构。

再如七年级上册的《皇帝的新装》一文，由于作品具有很强的戏剧色彩，很多教师采用排演课本剧的方式让学生去学习，其弊端是占用了大量的时间，且课堂交流经常游离于文本。笔者采用了聚焦于一处"学习产品"的方式，即在语文课中不是展演四个场景，而是只选取其中一个场景或片段。因为这一个场景或片段的展示，需要学生整体把握文章，关联文章的其他部分内容，所以不必面面俱到，突出一点，即可带动整体。

通过朗读、表演等形式，学生在合作中会为了完成展示而努力，有利于学生语言运用能力的提升，学生的理解能力、分析能力和感受能力的培养，也就指向了思维能力的提升，使学生深入理解文本并获得思想上的熏陶。通过朗读、表演等形式，学生受到视听之美、情感之美、文化之美的熏陶，促进了审美能力的养成。

（二）设计支点二：以解决问题为"学习产品"

设计支点二是以解决问题作为"学习产品"的中心，开展师生间、生生间的思维碰撞式对话，最终生成精彩观念等思维产品。

学生阅读文本后提出自己的疑问，经教师梳理形成主问题或问题链，激发冲突，引导思辨；教师适时搭建支架，引导学生思维走向深入。在这个过程中，学生的思维由发散到聚合，再由聚合到发散，并最终解决问题。

如七年级下册的《带上她的眼睛》一文，学生初读文本后提出"为什么作者说离她不会再远了"这一看似矛盾的问题，驱动着学生深入探究文本。回顾"我"与小姑娘的初见，发现其不正常的表现；再找寻悬念揭开的语句，了解真相深化理解，前后对比给学生带来巨大冲击和震撼；终别的结尾深化情感，引领价值。学生在思维碰撞中逐层剖析、步步深入，最终抵达核心、解决问题。

再如《西游记》阅读提升课中,学生经过初步阅读把握基本情节和人物形象,阅读中产生的问题集中在孙悟空的变化上,如"孙悟空当年能大闹天宫,为什么后来打个妖怪都要请神仙?"课堂据此围绕孙悟空的"变"展开,孙悟空的"变",不仅有七十二变的本领,还有身份的变化、内心的变化。教师指导学生再探寻孙悟空变化的原因,其原因既有五行山和紧箍咒的约束,也有外在的菩提老祖、唐僧、如来、观音等的引导,更包含了孙悟空自身志向的转变。学生的问题推动课堂逐层深入,使其在解决问题的过程中,探寻了孙悟空的成长,拓展了阅读深度。

问题是学生思维的引擎,教师在设计支点时要通过问题激发学生的求知欲,打破学生头脑中的平静,掀起学生思维的波澜。并由此引导学生主动发现文本中的矛盾之处,深入品读细节,发现问题、解决问题,形成良好的思维习惯。

(三)设计支点三:以创造产品为"学习产品"

设计支点三是以创造作品作为"学习产品",特别重视认知过程中的信息输出,并将其前置。其采用任务驱动的方式,为学生创造真实情境,使学生调动认知存储,融合读、思、写等多维度,创造高质量语文产品,实现高阶思维的可视化。

如九年级上册中《艾青诗选》导读课的教学,以创造作品《新编艾青诗选》为学习目标。为达成这一目标,学生们共同讨论,设计了三个子任务:探究意象,涵泳语言;传情达意,创作诗歌;设计封面,添加标题。

以"设计封面,添加标题"为例,学生为完成这一作品,需要回顾《艾青诗选》中的基本意象、基本色调等内容,自发地反复研读诗歌,通过设计、讨论、交流,最终形成新的"学习产品"《新编艾青诗选》,完成了产品的输出。

同样,在单元整体教学设计中,也可以聚焦"学习产品",整合课文,进行产出导向的教学设计。如八年级上册说明文单元,将《中国石拱桥》《苏州园林》两篇文章整合,构建了"我为陈列展品配介绍卡""虚拟展馆简笔画征集""我为虚拟展馆做解说员"三个序列化任务。在合作展示的过程中,学生沉浸式地感受到两篇说明文的语言特点、内容逻辑,在真实的情境中体悟到中国建筑的独特魅力与艺术价值。

通过目标产品化的设计，学生能根据自己的知识储备，自主构建知识网络，开展高质量的语文学习实践，满足不同层次学生的学习需求。这促使学生在真实的情境中运用所学解决问题，实现了知识的迁移与创造。

三、聚焦"学习产品"逆向设计，实现"学为中心"的实践化教学主张

基于OBE理念，在学用结合的过程中使学生获得主动发展，通过师生间的对话，实现课堂教学中师生的共同参与。以上三个支点的共同特点是以输出为导向进行逆向教学设计。纵观整个教学过程，从教师到学生，从课前到课上，均以学生为中心，生成性地丰富学生的学习体验。"学习产品"的输出既是学习的起点也是归宿，由此形成完整的认知过程。这一过程以学习者为中心，注重学习者思维的发展与能力的培养；注重强化联系，以某一支点建立与其他知识和内容的多线程联系；关注学科知识与实际生活的联系，实现了"做中学""用中学""创中学"的实践化教学主张。

以"学习产品"为支点，基于学情采用不同的教学策略，巧妙地运用于课堂教学的全过程，这既是以学习者为中心的内在要求，更是培养学生高阶思维的必由之路。

第四章

追求"教-学-评"一体化的单元整体教学实施的五步模式

一、素养导向下的单元整体教学应着眼于教与学方式的变革

单元整体推进是一种教学方式,具有系统性和整体性,能克服传统单篇课文教学单一、零散的缺点,让学生更系统、有效地掌握知识,培养学习能力,从而改善语文课堂的教学样态,提高效率。

随着课程改革的深入开展和语文学科核心素养概念的提出,依据统编初中语文教材按"整体建构、有效整合、单元推动"编排的根本特征,单元整体教学的构建实施应运而生。窦玉苗、朱文彩在《"语文主题学习"单元整体推进略谈》一文中指出:"单元整体推进是把一个单元当成一个整体,以单元主题为核心,把握'以篇为范例'的原则,进行'以点带面'单元整体推进教学。"[①]

赖丽梅在《初中语文单元整体推进课的教学探索》中通过对当今单元整体推进式教学模式在实施过程中的问题分析,提出了相应的实施策略和建议。[②] 刘菊春、张琼在《对标定点 统整推进——统编初中语文教材单元整体化教学思考》一文中紧扣单元学习目标,抓住单元系统中的"点"进行统整,

---

① 窦玉苗,朱文彩."语文主题学习"单元整体推进略谈 [J]. 文理导航(下旬),2016(09):60.

② 赖丽梅. 初中语文单元整体推进课的教学探索 [J]. 散文百家(新语文活页),2019(03):65.

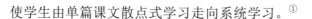

使学生由单篇课文散点式学习走向系统学习。①

随着《新课标》的推出，单元整体教学研究重点从内容、主题的统整转向教与学方式的变革。《新课标》中指出："义务教育语文课程培养的核心素养，是学生在积极的语文实践活动中积累、建构并在真实的语言运用情境中表现出来的，是文化自信和语言运用、思维能力、审美创造的综合体现。"

素养导向下的语文学习强调在"语文实践活动中积累、建构"，强调"在真实的语言运用情境中表现"。这就要求课堂进行深度变革，从教师的教为中心走向学生的学为中心；从"教程"走向"学程"，要超越传统的课时主义和以知识点为中心的教学，走向以规划学生学习历程为核心的单元学习设计。

在实践研究中，我们发现一些教师受传授式教学的影响，在教学设计时很难跳出自己的经验，容易固守先教知识然后学生练习的模式。教师需要首先转变观念，从学的角度出发，充分认识到知识只有纳入学生的经验框架中学生才能学会，指导学生用知识解决问题，主动建构知识。

二、"教-学-评"一体化理念的发展对单元整体学习具有重要的推进作用

"教-学-评"一体化是一种教学理念，主要通过评价的证据驱动教与学过程，将学习目标是否实现作为教师教学是否有效的参照物，在教学设计与实施过程中保证教师的教学目标、学生的学习目标和学习活动及课堂评价的内在一致性。

"教-学-评"一体化视域下的单元整体推进以能力和素养的培育为目的，运用可操作手段，对语文教学活动中的效能和结果做出价值判断，并为被评价者提供反馈信息，以甄别教学水平。

科恩（Cohen S. A.）最早提出"教学一致性"概念。此后，相关研究开始将评价与教学相结合，"教-学-评"一体化理念自此产生。国外学者针对教学评价体系已展开深入研究，建立了相对较完善的研究体系。从 2001 年至今，我国初中语文教学评价进入规范发展时期，推进了多元化教学评价方式。依

---

① 刘菊春，张琼. 对标定点 统整推进——统编初中语文教材单元整体化教学思考 [J].
福建基础教育研究，2021（10）：39–43.

据教育部关于基础教育整体改革的精神,针对新时代语文教学对"教-学-评"一体化的呼唤,教学评价逐渐成为人们关注的焦点,各方从不同角度展开了对"教-学-评"一体化中评价研究的理论分析。崔允漷、夏雪梅撰写的《教-学-评一致性:意义与含义》指出了教学评价的重要意义,为"教-学-评"一体化下的教学评价提供了理论指导。冯晓波的《初中语文单元整体教学中核心任务的设计与评价》一文强调从认知、观察、阐释角度评价核心任务,实现"目标-任务-评价"一体化。"教-学-评"一体化中的评价研究在初中语文教学应用中主要涉及评价策略、评价主体、实际教学等方面,讨论教学评价在语文教学实践中的运用问题。① 崔健的《试论初中语文教学评价的多元化策略》、宋阿芬的《以多元评价促语文"教•学•评一体化"》均提到教师应积极采用多元化的评价策略,发挥评价的多种功能,以评促教,以评促学。②

大量专家学者和教师从不同的角度对"教-学-评"一体化进行研究,其研究成果对一线教师的实践工作具有重要的指导意义。这些研究,成为我们研究教学模式的基础,也让我们站在巨人的肩膀上,看到更远的地方,不断追寻与探索。

"教-学-评"一体化是指,教学、学习和评价是融合在一起的,在教学设计时评价设计先于教学,教学和学习的过程就是评价的过程。评价指向学习的全过程,学习,评价,再学习,再评价……通过评价获取与反馈评价信息,基于证据推进学习过程,强调学生的积极参与。如果说目标是学生所要走向的终点,那么学情分析就是学生的起点,我们在教学过程中如何了解学生走到哪里了呢?这就需要评价来确定。因此"教-学-评"一体化下的单元整体教学,以单元学习目标为中心,以学习任务为载体,通过学习评价去引领,在整个单元学习的过程中教师主要的任务是提供学习支架。

---

① 冯晓波. 初中语文单元整体教学中核心任务的设计与评价 [J]. 中小学课堂教学研究,2022(05):45-49.

② 宋阿芬. 以多元评价促语文"教•学•评"一体化 [J]. 福建教育学院学报,2022,23(05):73-74.

三、基于成果导向的单元读写共生教学模式

根据统编初中语文教材每个单元内的阅读选文都有相对集中的主题的特点，依托读写之间的联系，教师在教学中应有意识地进行读写融合。我们形成了基于成果导向的单元读写共生教学模式。本教学模式以单元为单位进行备课，单元可以是自然单元，也可以是自主组合的学习单元。单元的架构，打破了课时壁垒，改变了以往以单个知识点、单篇课文组织内容的思路，有利于知识的系统化、结构化，更有利于学科素养的落实。

本教学模式的设计要素主要包括单元设定（单元的组织方式、单元的核心知识）、目标制定（结合课标确定本单元的关键概念和能力）、任务设计（驱动性问题及读写活动设计）、覆盖全过程的评价。

教学模式基本流程：成果规划—建构理解—形成成果—展示成果—反思深化（图 4.1）。

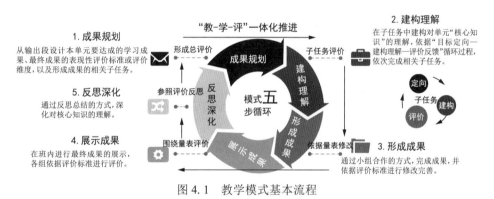

图 4.1　教学模式基本流程

（一）成果规划

从输出端设计本单元要达成的学习成果，包括但不限于方案、产品、课本剧、海报、作文等，同时形成最终成果的表现性评价标准或评价维度。

在本阶段，学生依据统领性的学习任务，研究成果的标准和要求。

从设计角度而言，设计单元学习成果是单元学习的难点，也是学习目标达成的条件。成果设计要体现真实情境，因为只有真实情境下的学习才具有可迁移性，这体现的是"以始为终"的逆向设计思维。学生要完成这个成果，

就必须运用本单元的核心知识解决问题,体现高阶思维的运用,这也是《新课标》所提倡的"做中学""用中学""创中学"。

例如,七年级上册第一单元有四篇课文:《春》《济南的冬天》《雨的四季》《古代诗歌四首》,人文主题是"亲近自然、热爱生活"。本单元的核心知识包括:把握好重音和停连,感受汉语声韵之美;揣摩和品味富有表现力的语言;写景常用的修辞手法(比喻、拟人)及其表达效果;写景常用的表现手法及其表达效果。写景时能够抓住景物的特点,掌握借景抒情的写法。比如让学生写一篇关于身边景物的作文,表达自己的情感,朗读给大家听,或者制作一份关于身边景物的电子手册。这两种成果的设定都具有一定的模糊性,如果没有恰切的评价标准,可能会只关注结果而忽视了学习的过程。试想一下,小学四年级学生可以去做这件事,初中生甚至是大学生也可以去做,不同阶段的学生都可以去完成,那么,不同年级完成任务形成的成果,区别在哪里呢?这就涉及评价标准的不同。

我们强调"教-学-评"一体化,评价就是导航,学生评价的过程就是学生学习的过程。因此无论完成哪项成果,都要将核心知识转化成评价的维度或细化为评价量规(表4.1)。

表4.1 七年级上册第一单元写作评价量规

评价方面	具体内容
写作内容	写景时能够抓住景物的特点,借助景物抒发自己的情感
	能运用写景常用的修辞手法(比喻、拟人)增加表达的效果
	语言富有表现力,能表达出自己的情感
展示过程	把握好重音和停连,体现汉语声韵之美

有了评价要求,学生就可以围绕学习重点进行学习。这时候就可以让学生从朱自清、老舍先生等的文章中找到依据,深入学习。

再如八年级上册第一单元新闻单元的学习,首先要确立本单元要达成的学习成果,制作一期教师节新闻特刊,同时形成最终成果的表现性评价标准。同样是手抄报展示类的作品,在学习这个单元时制作的手抄报就必须运用新闻的知识,如消息、新闻特写等,去完成这个作品。这样就以成果为导向促进

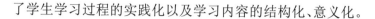

了学生学习过程的实践化以及学习内容的结构化、意义化。

（二）建构理解

基于成果导向的单元整体教学首先要避免"空心"成果，学生不需要进行知识建构就可以完成的成果是无意义的。可以说学生建构理解的过程是单元整体学习中最重要、最难推进的阶段。

教师要引导学生分析最终成果的要求，研究达成成果的必要条件和步骤，分解学习任务，形成多个子任务，在子任务中要建构对单元内"核心知识"的理解。在这方面，与《新课标》的任务群的要求是一致的。每个子任务的推进，都可以依据"目标定向—建构理解—评价反馈"进行循环，依次完成。

在这个阶段中，教师要做什么呢？不是如何"教"知识，而是教师围绕学习，给学生提供必要的支持。在开始推行这个教学模式的时候，我们发现学生面对成果，往往无从下手。尽管很多教师在备课的时候已经设定了达成成果的系列子任务，或并列式，或递进式，或兼而有之，但还是要引导学生能够通过思考形成知识。教师可以采用"头脑风暴"的方式，集思广益，这样可以帮助学生形成单元学习地图，也有助于培养学生的系统化思维。

单元整体教学并不拒绝单篇课文教学，前面提到的七年级上册和八年级上册第一单元设计，在这个阶段学生仍然可以一篇一篇地学习，重要的是建立起单篇课文和单元之间的逻辑关系。在这个学习的过程中，教师为学生提供必要的文本材料，提供相关的处理工具、操作工具和交流工具，提供必要的概念支架、元认知支架、过程支架和策略支架，帮助学生建立起合作团队，促进他们之间的分工、合作、互助、交流。

在系列子任务的完成过程中，评价任务跟学习活动是整合在一起的。评价是团队学习过程中学生自我判断、自我反思，不断修正的过程，因此这个评价贯穿学习始终，是一种嵌入式的评价。

（三）形成成果

学生通过小组合作的方式，完成成果，并依据评价标准进行修改完善。基于系列子任务，学生在完成知识建构后，对成果的标准也有了更深入的理解。

如果在第一环节中,学生仅仅建立了评价的维度,那么在这个阶段,就应该对成果的表现性评价形成相对规范的标准。在实际操作中我们通常采用定性的量规。

依托这个量规的要求,小组或个人完成最终成果,在形成成果的过程中,团队讨论并反复修改。因此依托量规进行修改的过程,实际上也是知识深化和能力迁移的过程。

(四)展示成果

学生在班内进行最终成果的展示,各组依据评价标准进行评价。在这个阶段中,学生从小组合作走向了班级的集体交流。展示成果的意义不仅在于成果本身,更在于让学生从心理上重视学习过程和产品的完成,更好地成长。在组和组的对比中,学生参照量表进行评议,大家展示的是团队智慧的结晶,并在这个过程中对相关知识有了进一步理解,突破迷思概念,形成个人经验。

(五)反思深化

学生通过反思总结的方式,深化对核心知识的理解。在集体展示后,学生回顾整个产品的创造过程,了解如何学习知识,如何运用知识解决问题,如何团队合作完成任务,这有助于学生形成迁移能力。

在运用这个教学模式进行教学和学习的过程中,我们采用的是任务逻辑,而非传统教学中的课时逻辑。其凸显的是学科实践,即运用知识解决问题,在完成任务的过程中学生进行阅读与鉴赏、表达与交流、梳理与探究。可以说"基于成果导向的单元整体教学模式"本身也是任务群的一种实施方式,它更强调形成物化的产品,推动学生"创中学"。"教-学-评"一体化的方式有效落实了课堂教学以学生为中心的要求,这也是建立这个教学模式的意义所在。

第（二）部（分）————————●

为智慧而教：
实践与应用

第五章

活动探究单元的设计

——以初中语文八年级上册第一单元为例

一、背景分析

统编初中语文教材八年级上语文第一单元是活动探究单元,本单元的五篇课文《消息二则》《首届诺贝尔奖颁发》《飞天凌空——跳水姑娘吕伟夺魁记》《一着惊海天——目击我国航母舰载战斗机首架次成功着舰》《国行公祭,为佑世界和平》,包括消息、新闻特写、通讯、新闻评论四种不同的新闻体裁。

《新课标》第四学段"阅读与鉴赏"中要求"阅读新闻能把握文章的基本观点,获取主要信息"。"表达与交流"中要求"讲述见闻,内容具体、语言生动""写作时考虑不同的目的和对象,根据表达的需要,围绕表达中心选择恰当的表达方式"。"梳理与探究"中要求"学习跨媒介阅读与运用,体会不同媒介的表达特点""关心学校,就共同关注的热点问题搜集资料、调查访问、相互讨论,能用文字、图画、图表等展示学习成果"。

八年级学生具备了一定的阅读、写作应用文的能力,但缺少综合运用能力。根据《新课标》的要求,基于活动探究单元的综合性、实践性的特点,我们提取出大概念"新闻"。结合9月适值"教师节"这一时间点,我们设计了真实情境下的大任务——制作一份"教师节"新闻特刊。遵循"读新闻—写新闻—做特刊"这一主干流程,让学生将课内大多平面化的文本学习转化为立体的、综合的、跨学科的学习任务,有效激发了学生的参与意识和学习兴趣。同时,通过学习的深度迁移,培养学生听说读写各方面的能力,提升学生的语文学科素养。

二、单元目标

(1)通过梳理本单元文章的要素,了解新闻体裁特点,学会阅读新闻的基本方法。

(2)通过新闻采访与写作活动,掌握消息、通讯等新闻体裁的写作方法。

(3)通过制作"教师节"新闻特刊,学习综合运用新闻知识,提高跨媒介阅读与运用能力。

三、评价设计

(一)评价任务一:了解新闻这种体裁

【评价目标】

(1)能够准确完整地提取新闻的信息。(通过子任务 3-1-1 进行评价)

(2)能够分析不同体裁新闻的特点,并用表格进行呈现。(通过子任务 3-1-2 进行评价)

(3)能够主动参与小组讨论,提出建设性意见,并在合作中倾听他人的发言。(通过子任务 3-1-2 进行评价)

【评价任务】

1. 评价子任务 3-1-1

通读五篇课文,梳理本单元新闻的六要素。完成各篇课文的六要素知识框架图,并在教师讲解后进行组内自评(表 5.1)。

表 5.1　新闻六要素框架图评价量表

指标	A 等级	B 等级	C 等级
筛选归纳	信息筛选准确、完整、凝练	信息筛选较准确,只有1~3个错误或不完整的地方	信息筛选不够准确,错误或不完整的地方有3处以上

2. 评价子任务 3-1-2

自主阅读课本第 2 页、第 9 页、第 16 页中关于不同新闻体裁的介绍，结合单元中的新闻文本进行比较阅读，小组合作梳理出不同体裁新闻的特点，用表格的形式呈现出来（表 5.2）。合作完成后每个成员的参与程度用评价量表在组内自评（表 5.3）。

表 5.2　不同体裁新闻的特点比较评价量表

指标	A 等级	B 等级	C 等级	D 等级
表格设计	一目了然、条目清楚	条目较清楚	条目基本清楚	条目不清楚
特点比较	找到 4 个及以上的不同点，分析准确、完整	找到 2～3 个不同点，分析基本准确	找到 1 个不同点	没有找到不同点

表 5.3　参与小组合作评价量表（组内自评）

评价指标	评价内容	完全符合	基本符合	不符合
主动性	能够主动参与活动全过程，主动表达自己的意见			
建设性	自己的发言被组内采纳			
倾听性	能够认真倾听他人的发言			

（二）评价任务二：学习并进行简单的新闻写作

【评价目标】

（1）能够根据新闻内容拟定简洁的新闻标题。（通过子任务 3-2-1、3-2-2 进行评价）

（2）能够写出简明、完整的导语。（通过子任务 3-2-1 进行评价）

（3）能够合理处理新闻的详略，主体部分重点突出。（通过子任务 3-2-1、3-2-2 进行评价）

（4）能够综合运用多种表达方式进行新闻写作。（通过子任务 3-2-2 进行评价）

【评价任务】

1. 评价子任务 3-2-1

学生根据"消息"写作评价（表 5.4）量表，以小组为单位评议，推选小组最佳消息。班级展示，评选班级最佳"消息"范例。

表5.4　评价量规："消息"写作评价量表

评价项目	目标要求	等级	自评	组评
标题	简洁醒目、亮点突出	★★★★★		
导语	要素齐全、简明扼要	★★★★★		
	吸引读者、突出特色	★★★★★		
主体	言之有物、重点突出	★★★★★		
	倒金字塔结构	★★★★★		
语言	准确简练	★★★★★		

2. 评价子任务3-2-2

运用新闻采访的一般方法和步骤，以小组为单位对教师节庆祝大会中被表彰的老师，进行新闻采编。以小组为单位展示，其他小组评议，评选班级最佳"通讯"范例（表5.5）。

表5.5　"通讯"写作评价量表

评价指标	优秀	良好	合格	待进步
标题	标题高度、形象地概括内容，吸引读者	标题概括了新闻事实，但只是要素的叠加，不够醒目	标题信息冗杂，包含了一些次要信息，不够简洁	标题并未揭示新闻的主要事实
主体内容	不仅用事实说话，还用形象、情感、观点说话；不仅叙述事实，还展示情节、再现场景，刻画人物	用事实说话，形象塑造上还有欠缺，情感体现不鲜明；场景再现不到位，有思考但不深刻。	仅用事实说话，形象、情感、观点都不到位	事实内容都没有阐述清楚
表达方式	综合运用记叙、描写、议论、抒情等表达方式	既有记叙，也有描写和抒情等手法，议论较少	只运用了记叙和另一种表达方式	只运用了记叙的表达方式
语言	语言细腻、形象，感情色彩浓厚	语言表达准确简洁，偶有生动的描写	语言表达偶有不准确，信息传递模糊有误	语言表达混乱，不符合记录事实的要素

(三)评价任务三:制作"教师节"新闻特刊

【评价目标】

(1)能够根据主题,拟订新闻特刊标题。(通过子任务 3-3-3 进行评价)

(2)能够围绕新闻特刊主题和特刊标题,从不同角度选材。(通过子任务 3-3-3 进行评价)

(3)能够写作不同体裁的新闻作品。(通过子任务 3-3-3 进行评价)

(4)能够在新闻写作中体现新闻价值。(通过子任务 3-3-2 进行评价)

(5)能够用简洁的语言进行新闻写作,逻辑清晰。(通过子任务 3-3-2 进行评价)

(6)能够按照新闻特刊的体例进行排版,版块清晰,布局合理,图文并茂。(通过子任务 3-3-3 进行评价)

(7)能够清楚地阐述新闻特刊的设计,并对制作经验进行总结。(通过子任务 3-3-3 进行评价)

(8)能够积极主动地参与小组合作,承担相应的任务,互相查漏补缺。(通过子任务 3-3-1 进行评价)

【评价任务】

1. 评价子任务 3-3-1

以小组为单位,召开特刊准备会,根据评价量表,模仿特刊样例,各组策划特刊的具体内容(特刊的题目、版块、新闻内容、新闻体裁等),并根据实施的具体内容分配给组员相关任务。小组合作核查表见表 5.6。

表 5.6 小组合作核查表

评价指标	评价内容	符合	不符合
分工	根据小组成员的不同特点,分配明确具体、体量相当的可执行任务		
态度	小组成员都能积极主动地参与讨论		
合作	小组成员能互相协助、查漏补缺、求同存异		

2. 评价子任务 3-3-2

各小组将之前完成的特刊稿件内容,根据"新闻特刊稿件评价表"(表

5.7)进行组内讨论交流修改。

表 5.7　新闻特刊稿件评价表

评价指标	A 等级	B 等级	C 等级
新闻体裁特点突出			
语言简洁、逻辑清晰			
具有一定的新闻价值			

3. 评价子任务 3-3-3

全班同学根据评价量表，以贴"大拇指"的形式，选出最佳特刊三份。邀请其他任课教师，根据评价量表（表 5.8）对各小组的"教师节"新闻特刊进行评选，选出三份"教师最爱特刊"。

表 5.8　"教师节"新闻特刊评价量表

评价指标	等级 A	等级 B	等级 C	评级
特刊标题	能突出主题、有创意	能突出主题	贴近主题	
新闻内容	围绕主题选材，有四篇及以上的新闻作品，角度层次多样，符合特刊标题	围绕主题选材，有三篇新闻作品，符合特刊标题	围绕主题选材，有一或两篇新闻作品，但与特刊标题缺少关联性	
新闻体裁	能呈现三种及以上不同的新闻体裁	能呈现两种不同的新闻体裁	能呈现一种新闻体裁	
特刊排版	符合特刊体例，版块清晰、布局合理、图文并茂	较符合特刊体例，布局合理，有新闻图片	基本符合特刊体例	
表达交流	阐述设计流畅完整，经验总结合理有效，仪态自信大方	阐述设计清晰，有总结的制作经验，神情自然	阐述设计啰唆、不完整，或没有进行经验总结	
总评				

四、学与教活动设计

通过本单元"新闻"相关知识的学习和应用，以"教师节"为主题，以六人小组为单位，设计印制一期"教师节"新闻特刊。单元结构如图 5.1 所示。

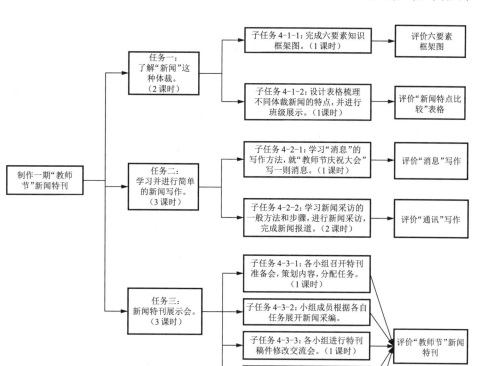

图 5.1　单元结构

（一）任务一：了解"新闻"这种体裁（2 课时）

【任务描述】

自行查阅资料，初步了解什么是新闻、新闻有什么特点。在通读五篇课文后，利用课本中第 2 页、第 9 页、第 16 页的助读材料，梳理本单元新闻的主要内容，完成知识框架图，并通过比较阅读的方式，理清新闻体裁的分类以及不同新闻体裁的特点。

1. 子任务 4-1-1

完成六要素知识框架。（1 课时）

学生活动：

课前：查阅资料，初步了解什么是新闻、新闻有什么特点。自主阅读课本第 2 页新闻的阅读方法。

课堂：通读五篇课文，梳理本单元新闻的六要素。完成各篇课文的六要素知识框架图，并在教师讲解后进行组内自评，修改调整知识框架图。

教师活动：

介绍什么是新闻及新闻的一般特点。指导学生根据课本第 2 页的阅读新闻的方法介绍中的六要素法进行本单元课文的通读，要求学生完成各篇新闻的六要素知识框架图，并出示评价量表。在学生完成任务的过程中，教师从旁进行适时点拨与指导，并在学生完成学习任务后最终就各部分要素予以准确界定。

评价任务及量规：

参见评价子任务 3-1-1"新闻六要素框架图评价量表"。

2. 子任务 4-1-2

设计表格梳理不同体裁新闻的特点，并进行班级展示。（1 课时）

学生活动：

自主阅读课本第 2 页、第 9 页、第 16 页中关于不同新闻体裁的介绍，结合单元中的新闻文本，进行比较阅读，小组合作梳理出不同体裁新闻的特点，用表格的形式呈现出来（表格需要各小组自行设计）。然后进行班级展示交流，根据评价量表进行班内互评。

教师活动：

给予学生课本第 2 页、第 9 页、第 16 页的阅读支架，并出示评价量表。在学生完成的任务过程中，教师从旁进行适时点拨与指导，并在学生完成学习任务后，指导学生根据评价量表，对各组设计呈现的表格及内容予以准确界定及评价。

评价任务及量规：

参见评价子任务 3-1-2。

（二）任务二：学习并进行简单的新闻写作（3课时）

【任务描述】

通过自主阅读课本第15页到第17页关于新闻写作方法的相关内容，就学校召开的"教师节庆祝大会"为校报写一则消息，并对大会上表彰的优秀教师进行新闻采编。

1. 子任务4-2-1

为校报写一则关于教师节庆祝大会的消息。（1课时）

实施过程：

（1）课前准备。

自主阅读课本第16页到第17页助读材料《怎样写消息》，阅读消息写作评价量表，每人写一则关于教师节庆祝大会的消息。

（2）课上交流。

学生活动：

（1）学生根据消息写作量规，以小组为单位评议，推选小组最佳消息。

（2）小组展示，其他小组评议，评选班级最佳消息范例。

（3）每位学生对照量表及优秀范例修改升格自己的作品。（未完成可延至课后完成）

教师活动：

教师巡视，答疑解惑，点评小组展示的作品，指导学生完成作品修改。

评价任务及量规：

参见评价子任务3-2-1。

2. 子任务4-2-2

运用新闻采访的一般方法和步骤，以小组为单位对教师节庆祝大会中被表彰的老师，进行新闻采编。（2课时）

实施过程：

（1）课前准备。

① 自主阅读课本第15页的关于新闻采访的方法与步骤指导。

② 制订小组采访方案。

A. 确定小组人员分工：采访者、拍照人员、现场记录人员。

B. 确定采访对象。

（2）第一课时。

① 拟写采访提纲。

A. 以小组为单位，每组设计完成一个采访提纲。

B. 教师在问题的提问与整合上要进行具体指导。

C. 小组交流，修改完善采访提纲。

② 模拟采访。

A. 说明采访现场的要求。

B. 介绍采访原因和采访团队人员。

C. 礼貌回应被采访者的回答。

D. 以小组为单位进行课堂采访展示。

E. 教师点评指导。

F. 小组内完善整理采访记录。

（3）课下活动。

① 小组将采访提纲的初稿交予被采访人审核。

② 利用课余时间完成优秀教师采访。

③ 阅读通讯写作评价量表。

④ 小组完成通讯写作。

（4）第二课时。

学生活动：

（1）以小组为单位展示，其他小组评议，评选班级最佳通讯范例。

（2）每个小组对照评价量表及优秀范例修改升格作品。

教师活动：

教师巡视，答疑解惑，点评小组展示的作品，指导学生完成作品修改。

评价任务及量规：

参见评价子任务 3-2-2。

（三）任务三：制作"教师节"新闻特刊（3课时）

【任务描述】

以小组为单位，根据评价量表，模仿特刊样例，综合运用本单元学过的新闻知识，并通过信息技术老师的指导，制作完成一期"教师节"新闻特刊。

1. 子任务4-3-1

召开特刊准备会。（1课时）

学生活动：

课堂活动：以小组为单位，召开特刊准备会，根据评价量表，模仿特刊样例，各组策划特刊的具体内容（特刊的题目、版块、新闻内容、新闻体裁等），并根据实施的具体内容分配给组员相关任务。

教师活动：

提供特刊的样例作为支架，提供制作新闻特刊的评价标准，解答各小组准备会中出现的各种疑难问题，并根据各小组策划的内容，教师进行指导，使特刊内容合理化。

评价任务及量规：

参见评价子任务3-3-1。

2. 子任务4-3-2

各小组成员根据组内分配的特刊制作任务，展开新闻采编，完成新闻写作，并留存相关照片。

3. 子任务4-3-3

特刊定稿并制作完成。（1课时）

学生活动：

课堂活动：各小组将之前完成的特刊稿件内容进行组内讨论交流，并进行修改，形成终稿。

教师活动：

指导各组学生完成稿件修改并对终稿进行评价。

评价任务及量规：

参见评价子任务 3-3-2。

4. 子任务 4-3-4

通过信息技术老师的指导，各小组利用晚托管的时间在机房将特刊终稿进行排版制作，并完成印制。

5. 子任务 4-3-5

展示交流特刊，评选优秀作品。（1 课时）

学生活动：

各小组将印制好的"教师节"新闻特刊进行展示、交流，每组选出一名代表阐述特刊的设计意图及制作经验。全班同学根据评价量表，以贴"大拇指"的形式，选出最佳特刊三份。

教师活动：

邀请其他任课教师，根据评价量表，对各小组的"教师节"新闻特刊进行评选，选出三份教师最爱特刊，执教教师就整个单元学习活动进行点评、总结。

评价任务及量规：

参见评价子任务 3-3-3。

第六章

文学作品单元的设计

——以初中语文八年级上册第四单元为例

一、学习目标

（1）品味散文语言，了解不同类型的散文的语言特点。从关联法、过渡法、谋篇布局法等角度，学会连贯表达。

（2）通过联想想象、分析比较等认知方法，培养形象思维，能够在生活实践的基础上发挥想象力，描绘出生动的意象。学习散文表情达意的技法，培养由"物"到"志"的逻辑思维和创造思维。

（3）感悟散文的思想内涵和审美价值，从中获得丰富的审美体验。激发对大自然和生命的热爱之情，能够从生活中发现美，并运用散文化的语言表达美、创造美。

二、目标的制定依据

（一）课标分析

《义务教育语文课程标准（2022年版）》要求，"在通读课文的基础上，理清思路，理解、分析主要内容，体味和推敲重要词句在语言环境中的意义和作用"；"品味作品中富于表现力的语言"；"在阅读中了解叙述描写说明议论抒情等表达方式"；"写作要有真情实感，力求表达自己对自然、社会、人生的感受、体验和思考"，"多角度观察生活，发现生活的丰富多彩，能抓住事物的特征,有自己的感受和认识,表达力求有创意"。

(二)教材分析

八年级上册第四单元选编的五篇课文都是散文,或写人记事,或托物言志,或阐发哲理,或写景抒情,篇篇真挚且经典。学习本单元不仅要掌握散文写作手法,了解散文特点,还要领会作品情思,培养审美情趣,丰富精神世界。

在本单元的教学中,为了使学生了解不同类型散文的特点且连贯表达生活感悟,教师要引导学生用不同的阅读方法品读散文,体会不同手法的妙处,总结散文谋篇的规律,体悟作品情思,启迪自我心灵。

具体而言,就是要把握五个问题、三种方法。五个问题分别是:景、物、人的特点是什么?寄寓了作者怎样的情思?作者运用了何种写作方法和遵循了怎样的描摹顺序来表情达意的?阅读疑问有哪些?你的阅读感悟是什么?其中,前三个问题是重点,后两个问题是难点。三种方法分别是:知人论世法,帮助学生有效突破难点,即释疑和感悟;情境阅读法,搭建链接生活的阅读情境,品读作品情思;比较阅读法,运用分组、比较、改编等思维方法,求同存异,加深理解。

本单元入选的文章分别是朱自清的《背影》(写人记事散文)、茅盾的《白杨礼赞》(托物言志散文)、《散文二篇》(哲理散文)、汪曾祺的《昆明的雨》(写景抒情散文),宜在阅读、表达训练要素上保持单元整体教学思路,按照写作手法不同进行分类教学,并在写作实践中延续这种思想。另外,本单元两篇教读,三篇自读,写作训练、综合性学习各一,整体教学设计时,要对教材编排顺序略做调整,突出"教读带自读、读写巧结合、三位一体化"的教学特色。

(三)学情分析

八年级同学能够区分散文文学样式,可以借助通读文章概括、分析文章要点,获得浅层感悟;不能分清散文的写作手法,对散文的类型较模糊;欣赏散文作品能力有待提高,从修辞、遣词造句等方面品味富于表现力的语言需要进一步训练;需要教师引导学生智慧阅读,亲近散文,最终获得对自然、人生、社会的有益启示。

三、教学模式运用综述

以产出为导向，即以表达（写）为单元主要活动。结合七年级综合性学习《文学部落》，我们将任务设计成"为文学社征稿"。综合单元目标、评价任务、情境设计，依托读写共生原则，总共设分为五个课段。

第一课段的核心任务为预习，根据学生已有的感悟和疑难的地方，教师进行二次集备，选择学生最迫切关注的问题切入教学。

第二课段的核心任务是学习整合《背影》《昆明的雨》，分析具体人物、景物的形象特点，体会作品情思。

第三课段的核心任务是读《白杨礼赞》，明晰其写作的手法，体会白杨树之不平凡，学习中华民族坚强不屈的精神品质，由于这篇文章层层递进步步深入的表述方式特别适合作为例子进行写作教学，结合《语言要连贯》，尝试进行写作实践。第二课段的"读"成为第三课段"写"的支架，第三课段的"写"是对第二课段的巩固，借助写作指导，加深阅读理解。

第四课段的核心任务是自主阅读短文两篇，体会哲理散文特点，对比分析行为结构，收获人生感悟。以自主学习为主，是对第二三课段学习的迁移和运用。

第五课段的核心任务是综合整个单元自主实践操作，借助网络搜索有关散文的各方面知识，小组合作制作《关于散文》的小册子。最终实现整个单元的读写融合，并有效迁移至课外学习。

四、教学过程设计

（一）预习通读，了解学情

（1）导入：同学们，在语文学习中我们需要拥有一种预习意识和习惯。预习是一段学习的起点，自主进行，不断试错，了解现状，这是我们学好语文的第一步。请大家认真完成预习。

（2）预习支架：《第四单元预习案》（表 6.1）。

表 6.1　第四单元预习案

阅读内容	阅读发现	备注
自读第四单元的单元提示,看看你捕捉到了哪些信息?		
自读五篇散文,你会选择什么阅读方法?阅读后你有什么收获、什么疑惑?可否为每一篇散文划分类型?		
选择你最喜欢的一篇散文,结合文中经典语句,写 200 字的个人感悟(文段、诗歌等)或者勾勒一幅简笔画。		

(二)情境创生,指向评价

文学社成立了《散文》专刊,现在广泛征稿。同时为了进行文化普及,文学社准备制作《关于散文》的小册子。

七年级综合性学习任务的重点就是合作创立文学期刊,借此我们设定情境,综合之前所做的内容,与八年级上册的散文单元进行整合,而这也对应了教学目标的要求,在情境中创生出对应的表现性任务——散文创作和《关于散文》的小册子制作。

(三)具体课段内容

第一课段:静心默读,体会情思
——教读《背影》+ 自读《昆明的雨》

【核心任务】

快速默读,圈点勾画,从文章所写的具体人物、景物中分析形象特点,体会作品情思。

【时间】

2 课时。

1. 活动一:读课文,明文意

(1)速读课文,分别用一句话概括这三篇文章的主要内容。

(2)学生自读,讨论交流。

学法指导：

概括课文主要内容有以下方法。

（1）题目扩展法。有的文章的题目能高度概括文章的内容，对它稍加扩展充实，就得到了文章的主要内容。

（2）要素归纳法。记叙文一般包含有时间、地点、人物和事件四要素。找出文中的四要素，并合理组织它们，这就是主要内容。

（3）段意合并法。把每段的段意连起来，就是文章的主要内容。

（4）摘录句段法。有的文章中的总起句、过渡句、重点段落概括了全文的大意，阅读时可直接引用或稍加整理，便可抓住主要内容。

（5）取主舍次法。对于写了几件事的文章，先分清事件的主次，然后根据主要事件来概括它的主要内容。

（6）问题回答法。有些问题，只要回答出来就是概括出了文章的主要内容。

2. 活动二：读细节，品情思

请你跳读课文，再次走进作者的世界，根据具体事例，抓住最感人的细节，进行品评。

方法指导：

（1）把人物、景物放在具体的情境中了解作者的表现。

（2）抓住细节描写，特别是那些富有特征的细节描写来分析形象（表6.2～6.3）。

表 6.2　《背影》品读支架（示例）

问题讨论：朱自清是如何描绘这个背影的？他描绘了一个怎样的背影？			
细读片段：看父买橘（第六段）			
技法点		学生品析	教师品析
场景描写	细节刻画		蹒跚、慢慢探、穿过、爬上、攀着、向上缩、向左微倾等（按照时间的顺序对动词精准使用，刻画出了一个笨拙、吃力的背影，尽显买橘之路的艰难，展现了父亲对儿子全力以赴、毫无保留的爱）
	环境描写		走到那边月台，须穿过铁道，须跳下去又爬上去（对于周围环境的交代，从侧面衬托出父亲爬月台的艰难，使父亲的一举一动更为感人）

技法点		学生品析	教师品析
场景描写	色彩选择		戴着黑布小帽,穿着黑布大马褂、深青布棉袍(简单笔墨勾勒出父亲的形象,与"我"的穿着形成巨大反差,进一步加深了父亲在读者心目中的印象)
	短句使用		"我走了,到那边来信!""进去吧,里边没人。"(父亲的三言两语,看似是轻描淡写,却强化了背影的特写效果,突出了父亲不善言辞但爱得深沉)
	我的感受		"我的泪很快地流下来了。""我的眼泪又来了。"("我"的感受也是读者的感受,含蓄地流露出"我"对父亲的理解、感激和愧疚)

表 6.3　《昆明的雨》自读支架(示例)

问题讨论:景物美、滋味美、人性美、氛围美中你最喜欢哪一种?			
细读片段:雨季菌子(第七段)			
技法点		学生品析	教师品析
滋味美	先总后分		昆明菌子极多,种类丰富,侧面体现了雨季湿润温和的气候特点
	分类描写		牛肝菌"滑,嫩,鲜,香",鸡枞味道鲜浓、无可方比,干巴菌中吃不中看,鸡油菌中看不中吃,让读者在分类比较中直接感受到菌子的特点
	巧用标点		问号与叹号的叠用,体现出了吃之前的质疑与吃之后的赞美
	善用比喻		通过比喻写出干巴菌外形的难看,与后文入口后味道的鲜美形成强烈的反差对比

3. 活动三:对比读,分类型

对比阅读两篇散文,区分各自的写作手法,说一说写人记事散文与写景抒情散文的相同及不同之处。

第二课段:精心品读,明晰手法
——教读《白杨礼赞》+写作训练

【核心任务】

品读《白杨礼赞》经典语句,明晰写作手法,体会白杨树之不平凡,学习中华民族坚强、不屈的精神品质。

【时间】

4 课时。

1. 活动一：枝枝争上游

（1）情境品读，感知白杨树的外形特点。

（2）创意品读，体悟白杨树的内在精神。

2. 活动二：黄土育佳树

白杨树的外形实在是不平凡的，然而作者在第二段没有直接礼赞白杨树却描述高原的景色，是怎样不平凡的土地才能孕育出这样不平凡的白杨树呢？我们一起来看第二段，用文章中的语言描述一下高原的景色（表6.4）。（欲扬先抑）

表 6.4 《白杨礼赞》助读支架（示例）

问题讨论：茅盾在对白杨树描写时如何由形过渡到神？		
细读片段：歌颂白杨树（第七段）		
技法点	学生品析	教师品析
欲扬先抑		作者先用否定的句式，暂退一步，表达白杨树不算是"树中的好女子"，这是抑；接着突然转折，连用七个感情色彩强烈的褒义词"伟岸、正直、朴质、严肃、温和、坚强不屈、挺拔"来热情地赞美白杨树是"树中的伟丈夫"，这是扬。一抑一扬，波澜起伏，富于变化
借物喻人		借白杨树喻好女子和伟丈夫，从而过渡到精神，为下文借白杨树象征中华民族的意志铺垫
对比鲜明		白杨树没有婆娑的姿态，但有挺拔的精神，不是"好女子"但是"伟丈夫"，形成巨大反差，进一步加深了白杨树在读者心目中的印象
连续反问		连续四个反问句昂扬而起，喷涌而出，气势恢宏，感情充沛
层层递进		第一个"难道"通过反问引起读者思考，第二句点明"至少"象征北方农民，第三句点明象征抗日军民，第四句进一步抽象化，点明象征伟大抗战精神和民族意志
由形而神		通过白杨树的外形描写，过渡到对象征精神的赞美，由树及人，由形而神

3. 活动三：愿与子同仇

赏析语句，理解象征等手法的妙用。

茅盾是非常善于运用象征手法的作家。运用象征手法，为了使象征物在"神"的方面与象征对象相似，必须强化其某一方面的特征。"靠紧团结，力求上进"，白杨树的这些特征正好层层深入、恰当贴切地揭示了其象征意义。我们继续一步步走近白杨树。

4. 活动四：高歌赞白杨

（1）了解写作背景，知人论世。

原来茅盾借礼赞白杨既唤起民族的自信，又是对那些看不起民众、贱视民众、顽固倒退的"亡国论"者最有力的回击！让我们怀着无限的敬意，再次礼赞这不平凡的白杨树！

（2）设计朗读，礼赞白杨精神，高赞民族气节。

5. 活动五：齐诵共致敬

《白杨礼赞》一经发表，轰动一时，极大地鼓舞了全国人民抗战的士气，著名画家沈逸千根据它的精神绘制《白杨图》，茅盾为此赋诗一首，以明其志。

北方有佳树，挺立如长矛。

叶叶皆团结，枝枝争上游。

羞与楠枋伍，甘居榆枣俦。

丹青标风骨，愿与子同仇！

同学们，朴质、坚强、力求上进的精神永不过时，更需要代代相传。习近平总书记说："伟大出自平凡，平凡造就伟大。"让我们再次用最炽热的情感、最昂扬的声音向极普通却不平凡的白杨树，向朴质、坚强、力求上进的人们致以最高的崇敬与赞美！

6. 活动六：语言要连贯写作训练

朱自清钟情于父亲的背影，汪曾祺时刻想念着昆明的雨，茅盾厚爱白杨树……你呢？选择触动你的人、事、物，题目自拟，写一篇不少于500字的散文。

提示：

（1）语意连贯，恰当得体。

（2）至少运用一种写作手法。

第三课段:疑心思读,感悟生活
—— 自读《永久的生命》+ 自读《我为什么而活着》

【核心任务】

自主阅读文章,体会哲理散文特点;提出疑难,对比分析行文结构,收获人生感悟。

【时间】

2 课时。

1. 活动一:理思路,明写法

（1）《永久的生命》和《我为什么而活着》两文同为议论性的哲理散文,但是写作思路和写作手法截然不同。朗读这两篇文章,看一看两文的写作思路和写作手法有何不同。

（2）学生朗读、思考、交流、展示,教师点拨释疑。

明确:《永久的生命》,从标题看,作者写作意图非常明确,即热情地歌颂永久的生命。课文写法是先抑后扬,有一个较平低的起点,渐入崇高的思想境界。课文共五段,每段都有一个中心句。第一段的中心句是“过去了的时间永不再回来”,似乎是悲观论调,与标题相去甚远,但这是伏笔,先抑下来,为后面的扬蓄势。第二到四段正面论说“永久的生命”这一话题。这些段围绕一个总的中心,从不同的方面展开,传达文章的主要观点。文章从很远处起笔,最终落到现实中来。第五段以一个精警的句子收住全文,令人印象深刻。

《我为什么而活着》,课文结构清晰,为“总—分—总”的结构。第一段直抒胸臆,总结了支配自己一生的主要动力——对爱情的渴望、对知识的追求和对人类苦难的同情。下面三段分述,是对上述三种人生追求的详细解释。最后一段可以看作作者对自己一生的总结,他认为自己这样活是值得的、有意义的,与开头相呼应。整篇文章采用直接说理的方式,直抒胸臆,且善于运用比喻等修辞手法,语言富有表现力,生动感人。

2. 活动二：品语言，悟哲理

（1）作为议论性的哲理散文，《散文二篇》中一些精警的语句发人深省，请找出来，深入理解。

（2）学生思考交流，教师引导。

教师示例：

①"它充满了希望，永不休止地繁殖着、蔓延着，随处宣示它的快乐和威势。"

理解：感叹生命的神奇，揭示生命的规律，又为这一规律欢呼。其暗含着一个意思：正义终将战胜邪恶，戕害生命的暴君必将被充满生命力的人民打倒。

②"这三种感情就像飓风一样，在深深的苦海上，肆意地把我吹来吹去，吹到濒临绝境的边缘。"

理解：本句大致是说理想很美好，但是现实很残酷。作者因为追求理想，在现实中遭遇各种困窘，最严重的时候是已经绝望了，强调追求过程的艰难。其中"深深的苦海"指苦难深重的社会现实，这是形象的说法。

表6.5 《我为什么而活着》学习任务单（示例）

问题讨论：作者如何阐释对爱情的渴望是"我"活着的理由？		
细读片段：寻求爱情（第二段）		
技法点	学生品析	教师品析
分条列述		连用三个关联词语，通过并列复句的形式，有条理地阐释了对爱情的渴望是"我"活着的理由这一观点，使文章更加清晰，富有层次
先分后总		结构上先分后总，使得文章对写作对象的阐述更加充分，同时使段意更加一目了然
巧用比喻		运用暗喻的手法，将爱情解除孤寂的感受比作一颗震颤的心，在世界的边缘，俯瞰那冰冷死寂、深不可测的深渊，将抽象的感受化作奇幻的想象，使议论性散文的语言更具表现力

3. 活动三：学课内，用课外

（1）请阅读丛书的《谈生命》《人生》两篇文章，梳理它们的脉络，赏析它们的语言，探究它们的写法，领悟它们蕴含的人生哲理。

（2）学生默读，圈点勾画摘录文中关键性的语句，批注、朗读、交流、分享。

4.活动四:仿句子,悟人生

（1）读完这几篇文章,你对生命有哪些思考?请模仿冰心的《谈生命》中的句子:"生命像向东流的一江春水……生命又像一棵小树……"运用比喻的修辞手法,写几句话和同桌交流。

（2）学生仿写、交流分享。

明确:这个练习不仅要关注学生的人生观、学生对生命思考的深度和广度,而且要关注学生的语言表达能力。让学生在交流欣赏中发现精彩的表达。

第四课段:凝心悟读,涵养精神
——五篇散文＋综合实践

【核心任务】

寻找矛盾点,质疑悟读,小组合作完成八年级上册第四单元的研究性报告;借助网络,搜索有关散文的各方面知识,小组合作,制作《关于散文》小册子(选做)。

【时间】

3课时。

1.活动一:提供策略,走近"自我"

现当代散文大家梁实秋先生说过:"散文的第一要素是'表现自我的真情感'。"欣赏散文,我们要去体会作家在文中所蕴含的真情实感,去触摸散文背后那些独特的"自我"。结合五篇散文,交流其背后的"自我"是什么?

提供策略:"质疑"

我们每个人都是独立的个体,要想理解别人的"自我",就需要我们借助自己已有的经验和作者的文字世界进行比较,找到其中与我们体验不同的地方,或者是与现实生活中的体验相矛盾的地方,也就是提出问题,只有这样我们才能真正找到我们自己和作者之间情思的共鸣。

例如,《背影》中父亲在信中写道:"我身体平安,唯膀子疼痛厉害,举箸提笔,诸多不便,大约大去之期不远矣。"明明只是膀子疼的小病,为什么父亲却说自己大去之期不远了呢?

学生自读课文,小组合作整理质疑的问题。

2. 活动二:头脑风暴,形成各组的成果

组内讨论自己发现的问题,并形成自己小组的研究报告,特别要注意整理组内之间的争论和未解决的问题,然后在全班进行研究和讨论,从而形成全班的研究成果(表 6.6)。

表 6.6　交流示例

问题讨论:这四篇散文尽管技法各有不同,但每篇都有一条线索贯穿其中,或是情感线索,或是哲理线索,请分别找出,并说说这四篇散文是如何围绕这条线索来"借物抒怀"的		
线索	学生品析	教师品析
《背影》以我对父亲的情感变化为线索		认为父亲的言行过于守旧,不理解父亲——父亲为"我"去买橘子,"我"被父亲的背影所感动——父亲给"我"的来信让"我"泪流满面,"我"终于理解了父爱。这种变化的契机是"我"看到了父亲的背影
《白杨礼赞》以"礼赞"白杨树的"不平凡"为线索		文章开宗明义,点出"我赞美白杨树"的原因就在于它的"不平凡"。接着通过介绍白杨树的生长环境引出白杨树的外部形象和内在气质的"不平凡"。然后由树及人,道出了它的象征意义,进一步表明:"我赞美白杨树,就因为它不但象征了北方的农民,尤其象征了今天我们民族解放斗争中所不可缺的朴质、坚强、力求上进的精神。"
《昆明的雨》以对昆明生活的喜爱与想念为情感线索		由"画昆明"到"写昆明"。由一幅画引出线索句"我想念昆明的雨",从而引出"昆明雨季的特点",表现昆明的景物美、滋味美、人性美、氛围美
《散文两篇》以对生命的赞美和对人生的热爱为哲理线索		《永久的生命》感慨个体生命的短暂,歌颂"整体"生命的不朽;《我为什么活着》书写人生的三大追求,表明"人生值得"

3. 活动三:回归初始,任务输出

(1)学生综合整个单元,自主实践散文创作。

(2)借助网络,搜索有关散文的各方面知识,小组合作制作《关于散文》小册子(选做)。

(3)小组合作利用对于整个单元的学习和课外自主查阅的资料补充单元评价量表,班级进行讨论展示,确定最终的评价量表。

(4)根据评价量表,进行组内自评和互评,推荐出最佳作品,然后班级小组间进行展示评比,保证作品成型。

（5）课后,教师对学生作品进行评价,根据学生自己、组内和组间的评价内容进行有针对性的指导。

五、单元评价

本单元评价量表如表 6.7 所示。

表 6.7 八年级上册第四单元评价量表

评价标准	评价等级	
中心明确,能够借物抒发自己的情怀,且文体特征鲜明	物与情怀联系不紧密	☆
	物与情怀有紧密联系	☆☆
	能够借物抒发情怀,类型较鲜明	☆☆☆
	能够借物抒发独特情怀,类型鲜明	☆☆☆☆
	能够做到物与情怀完美融合,文质兼美	☆☆☆☆☆
语言表达连贯,能够灵活运用细节刻画、抑扬结合、由形到神、层层递进等表现手法	语言表达不连贯,层次不清晰	☆
	语言表达较连贯,层次较清晰	☆☆
	语言表达准确,层次清晰	☆☆☆
	语言表达连贯,能够使用 1～2 种技巧	☆☆☆☆
	语言表达连贯,综合使用两种以上表现技巧	☆☆☆☆☆
积极参与小组、班级讨论,公平公正地选出小组、班级最佳作品	参与小组讨论,能够评选最佳作品	☆
	参与小组讨论,能够公平公正地评选最佳作品	☆☆
	在以上基础上,能够对未入选作品提出合理建议	☆☆☆
	参与班级讨论,能够公平公正评选最佳作品	☆☆☆☆
	在四星基础上,能够对未入选作品提合理建议	☆☆☆☆☆

六、设计意图与思路

本单元将不同类型的散文集中在一起,旨在呈现不同类型散文的特点。这几篇散文具有很高的文学价值,其写法和语言都很有特色,值得反复欣赏品读。本单元教学既要注意散文教学的共性,教给学生一定的文体知识和赏析知识,引导他们自主进行散文赏析,又要注意本单元教学任务的特殊性,抓住类型这个关键词,防止学生在既有的认识、赏析水平上停滞不前。

首先,在具体的阅读赏析中,把握不同类型散文的基本特点;其次,以理解写法、品味语言为教学的重点;再次,要有单元整体意识,各篇课文的教学要有侧重点;最后,要重视内外引外联比较阅读,在阅读中学习写作,注意观察生活中的平凡点滴。

本单元的五篇散文,饱含了体悟亲情、赞美崇高、热爱生命、追忆往昔四种情思,或平淡有味,或浓郁热烈。而散文的核心概念即"形散而神聚",五篇文章在选材方面看似随意,其中所蕴含的情志却是一以贯之,勾连始终,为此笔者将课本内容进行了重组,通过共性作品之间的整合,引导学生探究散文作品独特的个性。其单元整体阅读设计思路如图 6.1 所示。

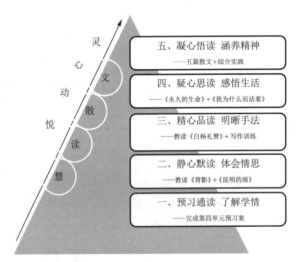

图 6.1 单元整体阅读设计思路图

七、单元设计反思

北京师范大学中文系刘锡庆教授曾说:"散文姓散,名文,字'自我'。"散文开放而无定态的外表下蕴含着作者独特的情感体验和人生感悟,即便是充满哲理性思考的散文,实际上也是作者表达情感的载体,因此,"自我"即散文共性。而散文之所以有不同的类型,是因为作者的写作目的、表达意图不同,但从具体写作层面来看,类型主要体现在写法上,因此,区分写法就是区分散文类型的关键,写法即散文个性。

本单元的五篇散文,各具特色。《背影》以"背影"为线索,注重场景的描写、细节的雕琢和双重叙述视角,回忆往事,言情怀人,耐人寻味;《白杨礼赞》以"白杨树"为对象,先抑后扬,叙议结合,托物言志,表达对北方抗战人民的高度赞美,值得玩味;《昆明的雨》以雨季特有景物为寄托,片段组合,串联往事,双线串珠,韵味十足;《永久的生命》《我为什么而活着》两篇散文由时间的流逝、爱情的渴求等现象出发,展开议论,先总后分,挖掘事物背后的深刻含义,构思严谨。与此同时,五篇散文又有共性,都借物抒怀,所不同的是《散文两篇》中的"物"是虚的,前三篇的"物"是实的。五篇散文提供四种借物抒怀的不同逻辑结构、写作技法,呈现出语言连贯不同的语段样式。学生梳理、学习这些篇章结构、写作技法、语段形式,为借物抒怀提供方法。

本单元的教学设计围绕散文的共性和个性来设计:预习课段是学习的起点,也是后面学习的基础。第一课段重在学习散文的共性,感受散文对自我情感的表达。第二、三课段重在学习散文的个性,学习不同风格散文的表达技法。第四课段是对前面课段所学知识的实践运用,引导学生正确、充分地利用互联网资源,拓展了解散文的各个方面的知识。五个课段既有机结合,又层层递进、相互融合,共同引导学生完成本单元学习目标:慧读散文,会读散文,创作散文。

第七章

整本书阅读教学实践

结合线上和线下教学的混合式教学模式,将在线教学和线下教学的优势有机联合起来,以"高阶思维的发展"为目标,紧扣整本书的文本特质,以更加有效的方式呈现不同的阅读层次,推进教与学方式变革,拓宽学生阅读视野,促进教师反思创新,从而实现"教师主导,学生主体"的阅读建构。

一、双线混合式整本书阅读教学的实践意义

(一)面向未来,顺应未来人才培养的趋势

如今的学生正处于一个全球化、信息化、多元化的社会,网络和智能手机在加快各类信息传递的同时,也改变着他们的生活、学习方式。为了让学生能够适应时代背景,国家多次发布相关纲领性文件,如2010年《国家中长期教育改革和发展规划纲要(2010—2020年)》,提出"我们培养的人不仅要有知识,还要会思考,具有合作和创新精神,善于解决复杂问题"。因此,初中语文双线混合式整本书阅读教学应顺应时代发展要求,顺应未来人才培养的趋势,为学生终身学习奠基。

(二)多元设计,提升学生语文核心素养

信息化时代,学生对整本书阅读缺乏兴趣,阅读时间不足,阅读不深入,浮躁的学习态度使得功利性的浅阅读成为大部分学生的选择。双线混合式整本书阅读教学基于青春期学生的生理和心理特点,开展线下及线上的自主阅读

与探究,旨在通过引导学生开展体验、发现、质疑、辨析、比较、评价、批判等活动,促进学生高阶思维能力的发展和语文核心素养的提升,最终实现立德树人的教育目标。

(三)落实要求,探索语文教学模式创新

2011年《义务教育语文课程标准》明确提出:"要培养学生广泛的阅读兴趣,扩大阅读面,增加阅读量,提高阅读品位。提倡少做题,多读书,好读书,读好书,读整本的书。"与传统的单篇课文相比,整本书阅读无论是对文本的内容、形式、手法、主题等,还是对阅读过程的能力要求、阅读指导的策略方法,都要多元且复杂得多,是一种促进学生阅读思维能力发展和思维品质提升的有效途径。基于深度学习的初中语文双线混合式整本书阅读教学,符合统编初中语文教材编写意图,重视对阅读过程的评价,将课标"应恰当运用多种评价方式,注重评价主体的多元与互动,突出语文课程评价的整体性与综合性"的要求落到实处,最终建立一套全方位多元化的整本书阅读评价体系。

二、双线混合式整本书阅读教学实践的整体规划

整本书阅读教学内容的设计、教学策略的选择、学习资源的提供,可以促进学生阅读能力的提高、发展学生的思维品质,有助于提升一线教师的个人素养,推动初中语文名著阅读教学实践。双线混合式整本书阅读在教学实践中主要依托统编初中语文必读名著开展。

(一)学习主题与课时安排(表7.1)

表7.1　学习主题与课时安排

学习主题	名著	总课时	线上课时	线下课时
1. 温馨回忆与理性批判	《朝花夕拾》	5课时	2课时	3课时
2. 旧时代的小人物	《骆驼祥子》	5课时	1课时	4课时
3. 神魔小说之经典,浪漫主义之巅峰	《西游记》	5课时	2课时	3课时
4. 苦心孤诣的教子篇	《傅雷家书》	2课时	1课时	1课时
5. 科学与幻想之旅	《海底两万里》	3课时	1课时	2课时
6. 如钢一般坚强的意志	《钢铁是怎样炼成的》	4课时	2课时	2课时

学习主题	名著	总课时	线上课时	线下课时
7. 儒生百态	《儒林外史》	2 课时	1 课时	1 课时
8. 反抗暴政的英雄传奇	《水浒传》	3 课时	1 课时	2 课时
9. 用事实说话	《红星照耀中国》	3 课时	1 课时	2 课时

（二）课程内容与实施方式（表7.2）

表 7.2　课程内容与实施方式

主题	课程内容	课时	实施方式
《朝花夕拾》阅读指导	作者介绍，导入新课； 精读引导，阅读《阿长与〈山海经〉》，学习阅读经典的方法； 梳理提升，赏析人物形象； 交流分享，谈谈阅读收获	课内 1 课时；课余 1 课时	课堂教学，线上答疑、交流
《朝花夕拾》实践	探寻我与鲁迅两代人的童年记忆； 给书中人物颁发获奖词； 书中故事我来绘	课内 1 课时；课余 2 课时	资料搜集、绘制成果、作品展示、同学点评、课后完善
《骆驼祥子》阅读指导	通过《骆驼祥子》博物馆导入，了解作者； 人物形象分析； 精彩片段交流； 教师总结	课内 1 课时；课余 1 课时	课堂教学，线上答疑、交流
《骆驼祥子》实践	课前参观《骆驼祥子》博物馆； 课堂梳理小说描写其他洋车夫的章节内容，小组讨论、概括、赏析； 课后舞台剧编排、会演	课内 1 课时；课余 2 课时	实地参观、资料搜集、成果汇报、作品展示。
《西游记》阅读指导	音乐导入，拉近距离； 初读感知，简单复述； 合作学习，探究精神； 拓展延伸，撰写颁奖词； 能力提升，选做思考	课内 1 课时；课余 1 课时	课堂教学，线上答疑、交流
《西游记》实践	谈谈疑惑，导入新课； 探究孙悟空的三"变"； 探究孙悟空"变"的原因； 课本剧排演	课内 1 课时；课余 3 课时	线上学习、资料搜集、剧目编排、成果汇报

续表

主题	课程内容	课时	实施方式
《海底两万里》阅读指导	电影回顾； 跨界对比； 总结阅读方法	1课时	课堂教学
《海底两万里》实践	圈画目录； 情景互动； 探秘海底世界	课内1课时； 课余1课时	资料搜集、表演汇报、路线图展示
《钢铁是怎样炼成的》阅读指导	按专题交流分享： 保尔成长史、主要情节、人物性格、摘抄和笔记展示； 保尔精神的现实意义	课内1课时； 课余1课时	课堂教学、交流分享
《钢铁是怎样炼成的》实践	设计腰封并分享； 结合腰封内容深入挖掘文本深意	课内1课时； 课余1课时	交流分享
《儒林外史》阅读指导	书的结构； 阅读方法； 交流分享主要人物阅读感受； 艺术手法探究； 主题思想总结	课内1课时； 课余1课时	课堂教学、交流分享
《儒林外史》实践	专刊制作； 交流总结心得	课内1课时； 课余1课时	交流分享
《水浒传》阅读指导	初见英雄真容； 群英荟萃； 谁是当代英雄	1课时	课堂教学
《水浒传》实践	思维导图我来画； 英雄故事我来演； 英雄小传我来写	课内1课时； 课余1课时	表演汇报、故事汇报、作品展示、思维导图展示
《红星照耀中国》阅读指导	明确创作背景； 梳理目录，了解内容； 瞻仰主要人物的风采 明确纪实作品的特点	1课时	课堂教学
《红星照耀中国》实践	我来忆红星(知识竞赛)； 红星发布会(记者会)； 斯诺在苏区(课本剧表演)； 红色经典生机再现(设计腰封)	课内1课时； 课余1课时	资料搜集、表演汇报、配音展示、腰封展示

三、双线混合式整本书阅读教学的核心流程

（一）核心流程

结合初中语文学科特点，对接核心素养培养，充分发挥双线混合式教学优势，我们采用线上、线下结合的方式开展初中语文读写课程。线上教学方式主要采用钉钉在线课堂、微信公众号、青岛课后网和市北区教体局重点打造的市北教育 e 平台，线下以多媒体教室为主。整个过程中，教师起主导作用，学生起主体作用。

双线混合式整体阅读教学的核心流程如下：一是驱动，设置有交际真实性的场景、任务，以激发学生探索知识的欲望；二是促成，根据语言运用的需要，指导学生有针对性地学习，提供从整篇文章、整本书所需要的支架学习训练；三是评价，既包括即时评价，也包括延时评价，挑选出可教性、典型性焦点进行点评，以期在有限的课堂时间内追求最高质的教学质量。以《西游记》整本书阅读为例，其核心流程如图 7.1 所示。

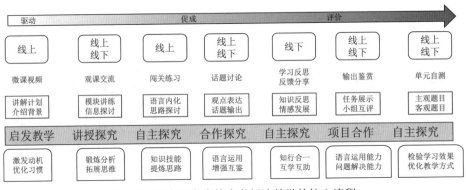

图 7.1　双线混合式整本书阅读教学的核心流程

1. 驱动环节

教师根据《西游记》的阅读主题，通过展示不同版本美猴王的图片，找寻原著中描述美猴王外貌的文字，探索美猴王得名原因，激发学生对整本书阅读的需求和探索。

第一步：线上场景导入。学生通过网络，根据教师布置的阅读计划，自主

阅读，观看微课视频，以获取学习材料和背景信息，同时做好预习工作，保障下个教学环节顺利开展，激发学习动力并养成良好的输入、输出、消化、巩固知识的习惯。

2. 促成环节

根据教学任务的达成情况，教师指导学生有针对性地学习课程内容，提供读写所需要的支架式训练。

第二步（线上线下章节读练）：师生通过多媒体教室及网络平台，以整本书内容为基础，开展线上线下片段的精读精品，探讨不同篇章的内容信息和逻辑关系，并在线下自主探究和内化，以培养学生的分析能力和思维扩散能力。

第三步（线上练习）：为了更好地巩固阅读成果，开展在线闯关练习，主要以自我检测和自我探究的方式发展学生的语言知识技能，让学生提炼解决问题的思路。

第四步（线上线下讨论与鉴赏）：为了保证有效的输出驱动，教师通过挖掘单元主题，开展在线探讨，增加读写的延展性。

3. 评价环节

师生对教和学开展评价，既包括即时评价，也包括延时评价，以检测促成果。

第五步（线下学习反思与分享）：师生在多媒体教室及网络平台，聚焦主题学习评价。为培养学生的自学意识和探究能力，教师在教学过程中教授学生学会反思阅读的方法，激发读写学习的积极性。

第六步（线上线下项目输出）：为更好地培养学生运用语言文字的能力，每个主题都采用线上线下小组项目输出与鉴赏活动。学生在查找资料、进行项目准备及项目展示等过程中充分锻炼语言运用、自主探究、小组合作及同伴互评等能力。

第七步（线上自测）：在每个主题全面学习后，采用完成练习题等方式检验学生的学习效果。同时，教师根据学生学习效果调整教学方式，完善教学过程。

（二）基本原则

双线混合式整本书阅读教学实践的基本原则包括情境创设的真实性、技术手段的适切性、时间分配的合理性。

1. 情境创设的真实性

教师在创设情境时，尽量以真实的事件和问题为主体，情境创设力求真实、丰富、多变、复杂，并把所学的理论知识融合到情境中，让学生在具体的活动和场景中思考，主动提取知识，对情境问题进行解释，实现对已有知识和新知识的进一步理解和拓展，帮助学生构建知识框架，在相似情境时能举一反三、融会贯通，最终实现知识的内化、迁移与创造。

如教师指导阅读红色经典作品《红星照耀中国》时，因这部作品讲述的年代距离学生生活较为久远，所以依托学校文学社创设情境。阅读伊始，宣布学校的"紫藤文学社"发布招募公告，准备开展《我和我的红星》微电影拍摄，招募爱读书、有创意的同学加入红星小组。初中生处于最富于幻想、最渴望创造的阶段，当编剧、拍电影正好"撞"上了他们的兴趣点。这样的设计将阅读融入生活，以演绎体味经典。语文课上教师引导学生查阅序言、目录，了解这部纪实作品的内容；学生课下精读片段，聚焦红军领袖、红小鬼、苏区农民等人物，在书中的空白处写下许多闪烁智慧的文字；同时教师搭建支架指导学生线上学习怎么写剧本、怎么改剧本。这样便在完成情境任务的同时，达到了深度阅读的目的。

2. 技术手段的适切性

面对纷繁多样的现代技术手段，教师如何选择适切的信息技术手段运用到教学中显得格外重要。我们选择了思维导图制作软件、腾讯文档、钉钉在线课堂、微信公众号和青岛课后网、市北区教体局重点打造的市北教育 e 平台，通过绘制思维导图，帮助学生建构知识，发展高阶思维，为过程性评价提供依据。如利用班级微信公众号分享学生阅读《骆驼祥子》的读后感，完成课堂的形成性评价，为后续精准教学提供数据支持。教师在教学实践中依据学情，选择适切的信息技术服务教学。

3. 时间分配的合理性

教师开展双线混合式整本书阅读教学时，应注意把控时间。由于课前的自主学习和课后作业完成与评价部分在线上完成，教师和学生处于不同学习空间，对学生的自主性、自律性提出了较高的要求。这就要求教师设计资源包和作业时，关注其质量和趣味性，注意微课的时长、文本资料的数量，筛选出精华要点将其整合在资源包内，避免造成学生的阅读负担。课后的作业与评价，教师除了关注作业的层次性、评价的多样性外，更要严格控制作业的量和需要评价项目的数量，以免造成学生顾此失彼，影响其他内容的课后学习。

四、双线混合式整本书阅读的教学策略

（一）践行读写融合

1. 以读带写，丰富写作资源

运用双线混合式进行初中整本书阅读是为了教会学生独立阅读，培养学生良好的阅读习惯，提升鉴赏能力和丰富情感思想。在双线混合式整本书教学实践中，项目组教师探索持久有效的阅读方式，从课内线下阅读延伸到课外线下阅读，从碎片化的阅读改变为整体系统的阅读，从被动批注式阅读转化为主动记录阅读感受的阅读方式。通过阅读教学，学生学会持久阅读，运用良好的阅读方式和习惯，去获取知识，培养能力，感受生活，丰富阅读，陶冶情操，独立思考。在阅读教学中，突出学生思维能力的培养和训练，引导学生从阅读中发掘写作的资源。

（1）以整本书阅读渗透写作意识。进行整本书阅读，是与大师精神对话、提高自身读写素养的机会。应注重名著导读，阅读过程要有反馈。实际教学中，教师根据学生的阅读进度及时做出指导和规划，相应的教学活动要建立在学生切实地读原著的基础上进行。名著阅读教学时，可通过设置问题对学生渗透写作意识，培养学生独立思考的能力，从而让学生在阅读时产生主动记录阅读发现的意识。阅读教学中写作意识的渗透用名著阅读作为突破口。项目组开展"整本书阅读2＋X"，学生每学期必读书目2本，选读1～2本，注重过程指导与活动展示。

（2）以阅读期待激发写作动力。教师根据学生独特的阅读经验、意愿和喜好等对文本材料进行整合与再加工。教师巧妙地利用学生的阅读期待，切实地激发学生的写作动力，让学生从"要我写"变成"我要写"，使其心理机制发生转变，写作动力就会持久，写作激情也会澎湃如潮。

教师可针对不同的阅读文本对学生进行引导，发现合理的写作训练点，提供阅读鉴赏的建议，结合学生的心理特征，激发学生写作动力。

2. 以写促读，强化阅读独特体验

写作本身是个性化的，对于同样的阅读本文的理解鉴赏和写作素材的阅读处理，每个人都有自己的独特体验。写作就是用文字记录和表达自己对外在世界和内心世界的所见、所感、所闻、所思、所悟。

（1）以丰富形式鼓励阅读个性。写作形式是多样化的。教师在写作教学中不能拘泥于形式，而应不断丰富写作形式，从而鼓励学生的阅读个性。采用形式多样的写作活动，结合阅读教学的文本分析，能够使学生在读写结合中提升写作能力和阅读鉴赏水平，展示自己的个性。

（2）写作形式的多样性要在密切结合阅读教学中去实现。学生的阅读个性可能在读书写作的交流活动中自然真实地展露出来，教师应通过多样的写作形式，把写作的主动权交还给学生，让学生的阅读更加个性化。

3. 读写结合，促进读写能力提升

阅读教学和写作教学是一体的，阅读教学是教学生怎么写，写作教学是教学生怎么用。把学到的用起来，语文教学的作用就会发挥出来。初中语文读写结合教学策略是多元化的，可以从教学评价和习惯培养两个方面来促进读与写的结合。

（1）注重读写结合教学的评价。阅读教学为写作教学提供的不只是文本解读和写作范文，还有文化层面的思考。阅读文本中包含的文化信息，需要教师引导学生去发掘并体会。

（2）培养学生读写结合的习惯。教师结合当下学生的生活，努力寻找读写结合点，来培养学生阅读写作的良好习惯。

组织"朗读者""见字如面书信交流"等活动，用语言文字传递情感，让写作贴近生活。

要让学生具备独立思考的能力，教师需要在教学中注重对学生读写习惯的培养和思维能力的锻炼。教师把课堂教学适度延伸到课外的社会生活，发掘学生感兴趣的、和生活联系密切的读写结合点，指导学生关注社会生活现象、阅读各种评论观点，最终形成自己的看法，用文字表达出来，并进行互动交流。

在双线混合式整本书阅读教学中，阅读的文本材料广泛多样，不拘泥于特定形式，把目光投放到课堂教学以外，积极合理利用信息技术与网络的优势，有意识地引导学生关注现实、热爱生活、积极向上。

（二）完善教学评价

双线混合式整本书阅读教学是否能有效达成目标，需要依据结果判定。我们经研究认为，评价坚持三原则，即参与性原则、过程性原则和激励性原则。参与性原则，即教学评价注重学生的亲身参与和全员参与，注重学生的自我评价和自觉评价；过程性原则，即教学评价关注学生参与阅读活动的过程和实践体验，重视对过程的评价和在过程中的评价，并把对学生的评价与对学生的指导紧密结合起来；激励性原则，即激励学生张扬个性，施展才能，激励学生勤于实践、乐于创新、不断进取。

因此，教师应采用多元评价的方式，重视学生学习的过程，了解学生学习的兴趣、困难以及学习的结果，并掌握学生认知、情感、技能三方面的学习成效，促使学生达成学习目标。

（1）双线混合式整本书阅读教学采用表现性评价将过程性评价与成果性评价相结合、自评与他评相结合，来了解学生的学习状态和效果。

（2）学习过程中的表现性评价主要考察"主动参与、合作能力、承担责任、完成情况"等方面。成果性评价包括作品评价和展示评价，作品评价包括"符合主题、完成状况、创意"等方面，展示评价包括展示时"分工情况、语言表达、形体姿态"等方面。

（3）评价可以多种形式进行。学生自评，即学生自己对照参加本课程以来的变化真实地进行自我评价。教师评价，即教师根据学生在活动中的表现、实践的态度以及搜集、处理信息的能力,给学生适当的评价。教师可利用成长记录表、闯关夺星表等方式简单记录学生的表现,作为评价依据。同学互评,即学生根据被评价者汇报交流的情况,给予合适的评价。他人评价,指家长、社会等对学生阅读过程的评价。

（4）在双线混合式整本书阅读教学实施过程中,教师要指导学生分类整理、遴选具有代表性的活动记录、有关资料,形成每个学生的课程档案袋,作为学生自评、同学互评、教师评价的重要依据。

（5）建议将评价结果计入学生学期学业评估。具体可采用"闯关夺星表""学生自评表""课程学习体会评价表""学生活动目标评价表"等表格作为评价工具。

第八章

写作教学的结构化变革

从方法论的角度看,生态往往指思考问题或看待世界的角度。生态视域强调以整体性、系统性的观点去理解世界,"不仅强调观察世界时环境事件之间的相互作用的过程,也强调这种作用过程所产生的结果及其后续效应的分析"[①]。基于生态理论,将初中生写作的全过程作为一个系统处理的对象,聚焦学生关键能力的提升,通过分析系统的结构和功能、各要素间的相互关系和变动规律,深入了解影响学生写作过程的因素,探求其症结之所在,可以总结出学生写作的恰切角度和实施路径。

一、生态视域下初中写作教学的现状及问题

(一)从教与学角度审视当前写作教学中存在的主要问题

在日常教学中,写作教学边缘化、狭窄化现象严重。大多数学生视作文为学习中最苦的差事,不愿写,不会写,"写作中没生活""生活中不会写"。而且统编初中语文教材的写作专题分散在各单元内,与阅读的学习重点配合,写作练习随文编排。但由于教师缺少对单元教学的整体关照,实际教学中往往割裂读写只进行琐碎分析,就技巧而对技巧孤立进行写作指导。学生缺少利用教材学习写作的意识、对写作知识吸收程度偏低。这就导致了写作教学的指

---

① 王映学,段宝军.教学生态研究的理论基础、基本框架及方法 [J].扬州大学学报(高教研究版),2023(04):32-42.

导性不强、学生作文无处下笔、学生对作文有畏难情绪等现实问题。

（二）从关系的视角反思写作的功能定位

生态化视角强调事物和事物之间的关系。传统的教学往往将阅读、写作划分为两个系统，并未建立起两者的有效联系。信息加工理论认为，完整的认知过程包括信息输入、信息加工、信息输出。写作作为信息输出的重要方式之一，应重视其促成理解、应用、迁移、创造等多种功能，建构起写作与整个认知过程的关系。关于阅读与写作，需要跳出"二元对立""孰多孰少""谁主谁次"的争论圈，从关系的角度建立起二者在教学上的联系，以思维训练为核心，培养学生关键能力，帮助学生形成学科思维。

（三）从系统的视角探究影响写作教学的要素

生态化视角强调系统的整体性和系统内各因子之间的交互性。传统的写作教学多从文章学的角度进行训练，缺少对学生学习过程的关注。"知识只有经由学生的理解，进入学生原有的认知结构并与之融为一体时才能获得意义。"① 写作的过程是大脑基于一定写作语境将一定生活经验表征转化为内部语言的过程。语境、经验、资源是教学中容易忽略的写作教学要素。

教师要善于把写作资源从书本里、课堂中引向缤纷的生活世界，带领学生发现和创造写作资源，利用和改造写作资源，整合、深化学生对生活的认知体验。在写作教学中关注立意、构思、起草、修改的过程指导，采用合作探究体验的方式，引导学生领会教材文本知识中蕴含的独特的思维过程，把教材上的智慧转化为自己的智慧，让写作能力与生命成长在写作实践中"圆融共生"。

二、基于生态视角的解决路径及改进策略

（一）基于教材，实现读写共生

统编初中语文教材在编排上最大的特点之一就是加强了读与写之间的联

---

① 林小芳. 指向文化意义增值的绘本教学策略 [J]. 教育实践与研究（A），2020（09）：33-37.

系,每个单元内的阅读选文都有相对集中的主题。从写作的角度来看,阅读的过程是写前的研究阶段。在这个阶段,教师可以引导学生有意识地进行写作积累,借助阅读中的情感共鸣,唤起学生的个人经验,触发写作动机,实现以读促写的功能。从阅读的角度来看,学生的写作内容可以是对文本的解读,也可以是对文本结构、语言等方面的借鉴。写作这种方式,促进了学生更好地理解阅读知识,可以实现以写促读的功能。

在写作创生阶段,教师要引导学生主动将个人创作与课文进行比较,使阅读文本中的技法可以转化为学生写作与修改的支架。在这个过程中学生会自觉地关注文体特质、主题思想、美学价值等,并形成学习反思。这促进了学生阅读理解和写作能力的提升,使学习的过程也从被动接受转变为主动选择。在整个单元的学习中,读与写深度融合,实现共生,有效促进了学生思维的提升。

(二)基于学生经验,实施任务驱动

语文活动具有听说读写综合实践的特点,教学中要善于设计情境,采用任务驱动,引导学生从对客观事物的单向认知理解走向问题解决的过程,这是深度学习的体现,也是学生综合素养培育的重要路径。

如八年级上册教材的第一单元,单元的活动探究设计了三项任务:新闻阅读、新闻采访、新闻写作。以写作触发阅读、采访,以阅读、采访活动引领写作完成,三个任务相辅相成,形成了层进的关系。情境下的任务驱动式写作,让写作练习不再空洞抽象,而是有章可循,有法可依。为学生了解某种文体、学习阅读某种文体、提高学生独立思考探究问题的能力、实践运用某种文体提供了实用性非常强的学习模式。

教学中教师要主动构建情境统摄、任务驱动的写作过程,触发学生经验,引领学生的生活写作过程。教学要根据教材讲读、自读、课外阅读"三位一体"的设计思路,在单元教学中以阅读为起点,以交际为过程,兼顾阅读积累与表达,融课内与课外于一体。学生学习的过程,不仅是对客观事物的认识与理解,更是个人综合能力的实践与发展。

(三)巧用资源,有效整合推进

学习是同化的过程,教师在指导学生写作的过程中,要结合学生实际,合理使用各类资源,从教材的自然单元走向基于学生问题解决的学习单元。

基于学生经验,合理调整教材学习顺序。例如开展统编初中语文教材七年级上册第一单元教学时,考虑到学生刚进入初中,可以进行如下读写设计:将第二单元的"综合性学习"中的"向朋友展示自我"提到在单元学习之前设计一个微写作活动,让学生在开学初选取自己喜欢的方式展示自我。将单元写作课"热爱生活,热爱写作"提到单元教学的前半部分,设计"我的初中生活"微写作活动,重点对学生进行思想意识上的启蒙,激发他们写作的兴趣,引导他们关注生活,走上阅读与写作相结合的道路。写作实践中的前两个微写作任务放在课下进行,把交流、引领的内容放在课堂上开展。依据本单元阅读学习重点"想象文中描绘的情景,领略景物之美"和"揣摩和品味语言,体会比喻和拟人等修辞手法的表达效果",在进行教读课《春》和《济南的冬天》教学时,借鉴"插播"写作:"用比喻画春天"微写作和"抓住特点,尝试运用比拟修辞写家乡的冬天"。写作时间可视教学情况灵活安排。

自读课《雨的四季》安排"给美文写批注"的实用写作,结合课后"阅读提示"进行。写景散文群文阅读课安排摘抄、批注、赏析相结合的实用微型写作。自主写作课将"自我介绍""我的初中生活""季节片段"任选其一扩充为一篇大作文。

类似以上整合后的单元读写计划,围绕中心主题,从学生问题或生活情境出发,将文本内容的学习与写作训练有效地结合起来。在此基础上有计划地进行各种补充、调整、配合,抓实学生阅读,拓宽写作思路,使写作训练成为语文学习的常态。

根据学生学习情况,教师重组或重构学习单元。在批阅学生作文时,我们往往会发现一些共性问题。针对这种情况,我们多进行逆向设计,从已经学过的课文中,以类文组合方式,搭建写作的修改支架或范例支架。例如,将《秋天的怀念》《阿长与山海经》《老王》等组合,归纳出"双视角"的写作策略。将《背影》《台阶》《驿路梨花》《藤野先生》等文章组合在一起,帮助学生理解谋篇布局中线索的使用方式。用学生熟悉的材料触发经验,引领作文的修改与升格。

写作教学时要从学科角度适时建立横向联系。从学习的整体视角审视学生的写作意义,努力建构起语文与其他学科的联系,促进学生综合能力的发展。适时开展跨学科微写作,例如,指导学生写历史小论文、思政调查报告、地理导游词、生物观察日记等。以真实问题或任务开展写作活动,不仅可以帮助学生积累素材,强化文体意识,提高写作能力,还能促进学生知识的结构化与意义化。

写作教学时要从空间角度注重生活化创生。在写作教学中要重视学生的生活经验,将课堂教学与课外活动有机联系。教师可以将生活化日记写作和日记升格作文贯穿于每学期的学习活动中,与课堂写作训练有机融合,协调写作的"量",保证写作的"质"。培养学生写作习惯,引领学生蓄积生活的"源头活水",提高学生观察、感受、思考生活的能力。

教师阶段性地开展日记升格作文训练,触发学生经验,指导写作技巧,对学生的思想和精神成长加以引领,发挥日记的综合育人功能,促进写作教学"立德树人"的功能,使得写作教学从课内向课外拓展,从学校向生活拓展。

三、以写作教学结构的革新,促进写作教学的发展

(一)调整写作教学的内部结构,为写作教学搭起"讲评改"的支架

调整课堂教学的内部结构,从传统教学过程末端的评价环节入手指导写作教学。将写作评价以嵌入的方式贯穿教学始终,评价既是目标,也是学习支架,学生在写作过程中依托评价标准完成写作任务,学生之间借助评价标准不断修改完善。这种以终为始的写作教学,让写作指导更具体,有效促进了学生写作教学水平的提高。其基本操作路径为"归纳写作要点、共同构建量表—依据写作量表、形成写作支架—参考写作量表、修改升格作文"。

(二)改变课堂教学的组织形式,从单线程教学形态转向多线程教学形态

传统的写作教学课,师生的交流多为"教师—学生"的单线程方式。写作

教学结构的革新就是依据学情,合理分层,实施差异化教学。例如,按照学生的选材、写法、存在问题等情况进行分组,采用合作的方式,加强学生之间的交流。对不同写作水平的小组设计不同的写作任务或提出不同的写作要求。在同一节课内,师生之间、生生之间、小组之间形成多线程互动,提高写作课的成效。

统编初中语文教材每个单元均安排写作板块,这些板块呈现出一定的序列,其中写作实践的多道练习题也具有梯度化的特点。在教学中,教师根据学生的实际水平可以选择不同的训练内容。

此外,统编初中语文教材每篇课文的助学系统中,如"思考探究""积累拓展"等板块的内容设计,几乎覆盖了语言积累锤炼、构段谋篇、表达方式、手法技巧、思维情感等写作能力素养的各个方面,为教师和学生的选择提供了更多的空间。

由于每个学生的学习情况不同,需要的支架也不同。教师可借助精选微点的方式,将教材中的写作技巧转化为写作支架,供学生选择使用。微点的训练素材主要来源于课文,例如,从七年级上册第一单元的几篇课文中就可以整理出不同的写作训练点。《春》中可以提炼出捕捉景物特征、运用修辞、调动多种感官、运用联想想象等进行景物描写的技巧、长短句、叠音词、仿写等的训练。《济南的冬天》中可以提炼出修辞、联想想象、情趣语句等训练点。《雨的四季》则可以提炼出寓情于景、扩句、文从字顺、过渡等训练点。

教师可根据学生习作中存在的问题,提供菜单式自选任务,坚持一课一练、一练一得、分层推进的思路,使作文教学有章可循,使训练的重点呈螺旋状上升的状态,不断提高学生写作能力。

四、积极建构生态视域下初中写作教学的新范式

将生态观强调的系统性和整体性要求纳入写作过程,构建初中写作教学的新范式。

从初中教学过程来看,教师要建立课程、单元、课时之间的联系,既要有对学年段的整体规划,也要对单元教学进行合理整合,同时也要有对"一课一

得"的落实。语文教材"已经在努力建构适合中小学的语文核心素养体系。但这是'隐在'的,不是'显在'的"①,需要教师在统编初中语文教材已有的写作体系上通过实践显化和落实:根据教材读写结合的特点,将隐性写作教学体系和显性写作教学体系共同建构为初中语文写作教学实施体系,有效链接写作专题、写作知识和随文编排的写作训练,以结构化、意义化的组织方式,优化教材使用的方式;根据《新课标》的学段目标要求,将知识与能力训练点细化落实到各个单元;根据不同的教学内容,统筹规划课型、写作内容、写作类型、写作时间。

从写作过程来看,教师应该把对生命的关注、关爱体现在写作指导的全过程中,聚焦语言的建构与运用,形成"创设情境、任务驱动—触发经验、搭建支架—引入资源、生成语篇"的写作教学新范式。从情境和任务出发,可以有效激发学生的生活经验,触发情感,激发写作的兴趣。依托教材资源为学生提供各种写作支架,包括但不限于范本支架、修改支架、语言支架、评价支架等,为学生提供读写资源,在任务完成的过程中,"做中学""用中学""创中学",将新知识融入学生经验的框架中,更好地引领学生的思维发展。

---

① 温儒敏."部编本"语文教材的编写理念、特色与使用建议 [J]. 课程·教材·教法,2016,36(11):3-11.

第九章

跨学科统整教学实践
——以校本课程建设为例

　　"跨学科学习"属于《新课标》六大学习任务群中的拓展型学习任务群。"教学提示"中要求"充分发挥跨学科学习的整体育人优势,增强跨学科学习的计划性和目标意识"。①

　　学生核心素养的培育需要历经在真实情境中解决问题、创生意义的过程,仅靠单一学科知识通常难以实现。校本课程建设过程中,开展跨学科统整教学,能发挥课程的协同育人功能,突出教学的综合性和实践性,借助多学科融合、多思维思考形式解决实际问题,在课程融合过程中提升学生的核心素养。

一、基于核心素养的跨学科统整教学实践意义

　　与国家课程不同,基于核心素养学习的跨学科统整课程更注重引导学生关注现实和生活,解决生活中的实际问题,激发学生主动学习、合作学习、探究学习的欲望和能力。

　　在跨学科学习理念下,教师依据语文学科综合性、实践性的特点,以育人价值为导向,依据核心素养建设校本课程,精心设计课程内容,在情境任务驱动下让学科融合落地生根,推动学生语文核心素养的发展。

---

① 中华人民共和国教育部. 义务教育语文课程标准(2022年版)[M]. 北京:北京师范大学出版社,2022:36.

（一）创设阅读情境，丰富审美体验

审美创作是语文核心素养的重要方面。在阅读中，学生通过感受、理解、欣赏、评价文本语言，能发现作者谋篇布局、遣词造句的匠心独运，领悟作者通过文本表达的思想感情，领会祖国语言文字的精妙，在理解中不断提高自己感受美、发现美和创造美的能力。

（二）品味阅读内容，树立文化自信

《新课标》要求学生："认识中华文化的丰厚博大，汲取智慧，弘扬社会主义先进文化、革命文化、中华优秀传统文化，建立文化自信。"[1] 通过阅读传统经典、红色经典，学生不仅能够获得语言积累，还能在领略中华优秀传统文化魅力中开拓视野，丰富文化积淀，树立民族自豪感和文化自信。

（三）构建阅读体系，培养思维能力

《新课标》指出："思维能力主要包括直觉思维、形象思维、逻辑思维、辩证思维和创造思维。"[2] 在学生阅读过程中，教师积极设置"思辨性阅读与表达"学习任务群，引导学生运用比较、分析、推理等思维方法辩证地思考问题，培养学生积极思考的习惯。

（四）丰富阅读体验，提升语言运用

语言建构与运用是语文核心素养的重要维度。《新课标》指出："学生在丰富的语言实践中，通过主动地积累、梳理和整合，初步具有良好语感……具有正确、规范运用语言文字的意识和能力，能在具体语言情境中有效交流沟通。"[3]《新课标》设置"表达与交流"语文实践活动，在校本课程中，将阅读与口语交际、习作训练结合起来，能拓展教学资源，有效提高学生的语言运用能力。

---

[1]　中华人民共和国教育部．义务教育语文课程标准（2022 年版）[M]．北京：北京师范大学出版社，2022：6.

[2]　中华人民共和国教育部．义务教育语文课程标准（2022 年版）[M]．北京：北京师范大学出版社，2022：5.

[3]　中华人民共和国教育部．义务教育语文课程标准（2022 年版）[M]．北京：北京师范大学出版社，2022：4.

二、基于核心素养的跨学科统整课程开发路径

（一）依托阅读内容，明确课程目标

我们秉承"德育为先、学生中心、读写融合、持续改进"的教育理念，针对名著阅读痛点，结合深度学习和主动学习理论，全面贯彻问题导向，最终形成了以下方案：以语文核心素养为指向，以教材名著为载体，品读作品，才思共享，渗透"互联网＋"思维，开展线上线下、课内课外深度融合的混合式跨学科教学，培养高阶思维，赋能学生成长。

（1）课程前期，学生通过阅读有关书籍、观看视频资料的方式加深对名著的知识积累；课程中期，通过拓展阅读、小组合作等形式开展活动，培养能力；课程后期，用总结感悟的形式提升读写收获，从而对书中涉及的人文历史、自然生态、社会生活有更深入、更系统的了解，激发探索研究的兴趣，全面提升素养。

（2）通过系列实践活动，学会用多种手段搜集、分析、处理信息，提升策划、组织、协调能力。

（3）从读写实践中凝聚力量，激发学生热爱语文、热爱阅读的情感。

（二）整合阅读内容，完善课程计划

课程体系采用专题形式，主题明确。教师在教学过程中需要从长时段和宏观的角度整合教学内容。如跨学科阅读《海底两万里》，双线阅读识航海文化，读写融合育创新素养，我们进行了如下探索。

1. 第一阶段：筹备酝酿，积累整本书阅读方法

进入中学以来学生先后阅读《朝花夕拾》《西游记》，整本书阅读明显有别于琐碎化、碎片式，甚至是断章取义式的传统阅读。课程计划对初中生的阅读方法提出新的要求。但同时整本书阅读中存在阅读速度慢、距离原著背景遥远、情节梳理不明白等问题，是学生现阶段阅读的较大阻碍。

依托学校开展的名著阅读课，学生逐渐掌握整本书阅读方法。

（1）快读：集中注意力，专心致志，概括主要内容；扩大视域范围，每分钟不少于400字；善于抓住书中的关键信息点，有所取舍。同时需要对感兴趣的

关键内容进行一定的精读和思考。为了能够整体把握全书的内容，需要将阅读时间压缩到合理长度。在每一次阅读后应该将本次阅读的主要内容记录下来，并找出小说主要的人物、时间、地点、事件及之间的关联。

（2）了解科幻小说的三要素：逻辑自洽、科学元素、人文思考。抓住《海底两万里》的大意，在阅读的过程中要留意每一个阶段的转折处。学生还可以借助前言和目录，以最快的方式熟悉名著，激发阅读兴趣。

（3）绘制思维导图。《海底两万里》是一部科幻小说，人物形象鲜明、情节惊险曲折，具有极强的文学性。在读完之后学生有必要对情节进行专题梳理。思维导图是一种图像式思维的工具以及一种利用图像式思考的辅助工具，可以帮助学生更好地梳理出书中人物及情节的关联。学生运用思维导图，通过"人物＋事件"的方式对人物进行梳理。

2. 第二阶段：双线混合，读写融合培养高阶思维

第二阶段阅读中，以小组为单位开展阅读，学生使用阅读任务单再次细读全书，深入挖掘和学习书中的主要人物和关键情节，为后续更广泛研究奠定基础。

书中的主要人物有四位：尼摩船长、阿龙纳斯教授、仆人康赛尔和捕鲸手尼德兰。小组通过与该人物相关的、给人留下深刻印象的故事情节入手，分析他们的性格特点，提炼他们的精神品质，并从中发现学生应该学习的方面。此外，小组从故事情节入手，以故事发生的主要地点为线索进行梳理：尼摩船长和他的伙伴们去过哪里？发生了什么？结果是什么？将这些部分清晰总结之后，学生也就更加深刻地掌握了整本书的结构和内容。

在阅读梳理的同时，小组也开展更为丰富的小组线上活动：拍摄视频，生动讲解书中人物的性格特点及令人敬佩的精神品质；制作人物电子名片，生成视频二维码，将研究成果更广泛地传播；问卷调查，发现尼摩船长是广大同学最喜欢的人物，于是使用当下十分流行的发布微信朋友圈的形式设计尼摩船长的头像及朋友圈内容。通过小组活动，学生感受到了书中关键人物的内心和情感，也对全书内容有了更深刻的理解。在此过程中，教师依照评价量表评估每一阶段的学习活动。

3. 第三阶段：实践探索，跨学科学习培育创新素养

《海底两万里》是一部科学与人文兼备的科幻小说，在深入掌握全书人物和情节后，小组继续对它的内容进行跨学科学习。小组总结阅读方法、制作航行路线图、以书中人物的视角写日记，提升文学素养和语文阅读能力。通过学习和研究书中的动植物种类，拓展生物学相关知识，如了解发红的海水、乳白色的大海、海底火山喷发。据不完全统计，本书共提到了199种生物，其中有近100种生物是被证明现存的，有近50种生物是有历史考据的。再从物理学科入手，"鹦鹉螺号"的建造本身就是一个奇迹：其表面被钢板覆盖，整体呈细长纺锤形，用电供能，通过螺旋桨搅动水产生压力来前进，内置五个氧气舱、五个储水舱以及众多的精密仪器，使其能够长时间地待在水底。从"鹦鹉螺号"延伸到核潜艇的运行原理和内部构造，增加了学生对数学、物理学科的兴趣及军事知识。现在的人们看这些已经觉得不足为奇，但是，在凡尔纳生活的时代并没有潜水艇，上述内容完全是他个人的想象。这可能也是他被称为"科学时代的预言家"的原因。对西方航海文化和中国航海文化的对比研究，让历史知识更加丰富；结合实际，对青岛本土海洋文化的发掘，让学生更加热爱家乡的这片大海。通过跨学科的学习，学生能感受到这本书的多元素之美。在做这些跨学科研究的过程中，小组通过网络平台获取相关知识，到海军博物馆参观体验，到海底世界游学观察。事实证明，实践与书本结合是有效的学习方法。

从线上到线下，从个人学习到小组研讨，从书本阅读到跨学科拓展，通过多种方式阅读《海底两万里》，让学生在探究中汲取知识，获得成长，以此发挥这本科幻小说的最大价值。

（三）树立育人理念，设计课程活动

跨学科统整教学直指核心素养的深度学习，聚焦于学生的问题意识、自主意识、合作意识，以自主意识构建跨学科统整学习的基础，以问题意识推进跨学科统整学习的进程，以合作意识创新跨学科统整学习的环节。

跨学科统整教学应注重培养学生的探究能力，激发学生的创新思维，助力学生的创新实践。在真实问题的研究中，教师应重视科学思维方法的培养，更应关注的是跨学科探索的过程与经历，唤起学生的好奇心、想象力，激发学生

跨学科分析问题的欲望与意识，提升学生发现、分析与解决问题的能力，促进学生的终身发展。

跨学科课程的设置有利于学生突破固有思维方式，培养多学科视角分析、解决问题的能力，培养学生的创新精神，促进学生知识体系实现精深和广博的统一。素质教育以培养学生的创新精神和实践能力为重点，在跨学科统整课程中，将剧本创作、戏剧表演、摄影、绘画等元素融入学科学习中，有效提升学生的人文素养，充分激发学生的创新精神。当课程到展示环节时，学生个人创意经过小组讨论迸发出精彩纷呈的展示样态：设计精美的名著人物头像发布到微信朋友圈，绘制风格独特的人物身份卡，排练构思奇特的原创剧作，展现无限的想象力与创造力。

三、基于核心素养的跨学科统整课程实施思考

（一）聚焦于学生核心素养与综合能力的协同发展

基于核心素养的跨学科统整课程以满足学生的个性发展为根本，注重为学生提供多种学习经历，丰富学习经验。它强调学生在学习中的主体地位，关注学生的已有经验、兴趣爱好、个性特长等发展特点。它关注学生学习全过程，通过创设有意义的真实学习情境，设计学习活动，拓宽学习渠道，帮助学生在学习过程中丰富学习经验。

（1）基于核心素养的跨学科统整课程倡导自主探究、实践体验、合作交流的学习方式。它倡导合理灵活地利用各种课程资源进行学习，实现学习方式的多样化，通过多种途径满足学生多样化和个性化发展的需要。它引导学生根据自身特点和活动需要，明确分工，充分展示自我，合理高效完成课程任务。它充分发挥合作学习的优势，重视培养学生的自主参与意识与合作沟通能力。

（2）基于核心素养的跨学科统整课程注重培养学生的创新精神、实践能力和积极情感。它重视人文精神与科学精神的培养。它重视培养学生乐于动手、勤于实践、勇于创新的意识、习惯和能力。它积极鼓励学生利用信息技术手段突破时空限制，进行广泛的交流与合作，实现知识传承、能力发展、积极情感形成的统一。

（3）基于核心素养的跨学科统整课程中学生始终处于学习的中心地位。学生核心素养学习小组通过教师指导、查阅资料等方式学习必要的知识和技能，再分工合作，发挥各自优势，互相补充，共同学习和进步，并能在此基础上解决问题，设计成果。在此过程中，学生学会合作，懂得担当，提升团队协作力，实现学科核心素养与综合能力的协同发展。

（二）聚焦于学科内容之间有意义的联结

核心素养学习的跨学科统整课程在实施过程中，要聚焦于学科内相关内容的统合，以及不同学科之间的跨学科学习，促发学科内容及各学科知识之间有意义的联结。

教师在跨学科类统整课程阅读教学中挖掘写作知识点，在写作教学中训练学生文字表达来深化阅读体验，共同提高读写能力；同时通过考察探究、实践研学、设计制作、评比展示等方式来实施课程。根据学生学段特点，教师每学期可选择相应专题进行综合实践。

（三）聚焦于教与学方式的变革

基于核心素养的跨学科统整教学要处理好学生自主实践与教师有效指导的关系。教师应当成为学生活动的组织者、参与者和促进者，将指导贯穿于课程实施的全过程。

（1）教师统整课程的设计与实施。整个课程涉及的学科众多，活动环节也较复杂，要想实施得更顺畅，必须由课程负责教师来统整项目课程的设计和实施。

（2）教师指导学生学习合作。学生自主、合作、探究的意识不是与生俱来的，是需要教师的长期引导和培养的。而且学生在面临实际问题时，独立学习的能力较弱，知识储备不足，更需要教师的指导和帮助。从分组的合理性、分工的明确性等角度出发，教与学的活动都少不了教师适时的指导。同时，教师可以提供一些资源搜集的网站和途径，培养学生自主搜集资料和辨别信息的能力。

（3）基于核心素养学习的跨学科统整课程，离不开教师的精心设计与引导，应当注重融通不同学科的思维，注重跨学科思维的转化与"做中学"的实践精神，注重创新思维在当下教育中的科学内化和系统性联系。

（第）（三）（部）（分）

**为思维而教：
策略与工具**

第十章

问题解决教学策略
从教师"设问"到学生"发问"
——例析问题教学法的实施困境及解决路径

自新课改以来，无数专家躬耕实践，从问题解决的角度创立了各种教学模式或教学法，例如李吉林老师的情境教学法、余映潮老师的主问题教学法等。这些教学法均受到了建构主义理论的影响，讲究问题设计、情境创设、任务驱动。问题教学法注重"启发式"和"探究式"的教学策略，但在实施过程中遇到了巨大的困难。

一、问题教学法的实施现状及困境

问题教学法的基本特点是将教材中的知识以问题的形式呈现在学生面前。学生在解决问题的过程中深入文本、合作探究，从而掌握知识，发展智力，形成能力。当下，大多语文课堂仍停留在教师设疑而非学生发现问题的阶段。

一是学生普遍缺乏问题意识。尽管在很多语文课堂中，老师都设置了质疑的环节，然而多是流于形式。很多学生受自身水平的影响，往往难以提出有价值的学习问题。

二是为了提高课堂效率，部分教师根据学习内容将自己设计的问题直接呈现给学生。学生在课堂上通过独立思考、小组合作等多种形式，围绕问题进行探究和解决。这是当前阅读教学中应用最多的一种方式。教师从学生现有水平出发设计适宜的问题,即基于"最近发展区"设计问题,这是课堂教学顺利实施推进的关键。虽然有大量的教学案例可供借鉴,但由于学情是一个变量,教师设计的问题有时会难度不当或欠缺趣味性,容易导致学生兴趣不高,参与度不够,学生的深度学习也就无从谈起。

部分教师基于PBL等理论设计任务或创设情境时,常会有偏离语文学科学习方向或者关键要素缺失的情况。例如,笔者在听某教师执教刘慈欣的《带上她的眼睛》时,课堂中的主问题是:邀请同学们做"雨果奖"的评委,从联想想象、科学知识、人物形象三个方面评判刘慈欣的《带上她的眼睛》是否可以入围?这位教师的问题设计富有创意,设定任务的目的是让学生深入文本分析人物形象并了解科幻小说的特点。情境的设定,让学生转变了课堂角色,激发了学习兴趣。然而在实施的过程中,教师并没有提供给学生评价的标准,也没有设计可供比较的对象。当本文跟《海底两万里》和《流浪地球》比较起来,很多学生认为本文作为短篇小说,内容不够宏大,结构也相对简单。在讨论和探究的过程中,学生逐渐偏离了对文本的研究。当学生没有按照教师的预设去进行评价时,教师为了教学任务的完成,又回到了"填鸭"式的讲解中。设计的问题丢失了一些必要的要素,导致了课堂教学的窘境。

此外,教师在设计问题时,大多从文章学的角度进行解构和发问,并不能从学生的困惑处出发。而思考问题的主体本应该是学生,教师以自身的"包办"代替了学生的思考质疑,导致了主客体的错位,学生的深度思考也无从谈起。

二、问题教学法的有效实施路径

(一)培养学生质疑思辨的能力

"读书无疑者须教有疑","小疑则小进,大疑则大进"。问题教学法的实施关键就在于通过问题激发学生的求知欲,促使学生在求疑和解疑的过程中主动获取知识。学生只有学会了主动提出问题,自学和探究的能力才会得以提升。

教师在教学中不仅要善于创设民主和谐的教学氛围,还要善于运用评价的手段,鼓励学生主动质疑、善于思辨。努力打破学生头脑中的平静,掀起学生思维的波澜,引导学生积极参与到学习的过程中,让学生在文本之中反复探究。

教师在教学中要善于教给学生质疑的方法。例如,指导他们借助预习提示和课后练习等深入思考,结合已有的语文知识理解文本,寻找疑问。从不同的角度揣摩探究,例如,根据不同的体裁选择思考的角度,诗歌重点理解意境的创设和语言的精妙,小说要善于结合三要素进行分析等。引导学生主动发现文本中的矛盾之处、不寻常之处,品读细节,发现问题,形成良好的思维习惯。

（二）问题的梳理与重构

对于学生提出的问题,教师要善于梳理和归类。学生提出的问题通常可以分为非语文问题、简单的语文问题、有价值的语文问题三类。

非语文问题,即问题虽然与文本有关,但不是语文教学任务的问题,比如文本中涉及的动植物等引发的生物知识、文章背景引发的历史问题。对于这一类问题,教师应鼓励学生课下结合相关学科知识进行学习与探究。其中,与理解文本相关的一些知识可以简单解决。简单的语文问题,指学生不需要深入思考就可以解决的问题,如生字的读音。这些问题,教师可以直接明确,也可以鼓励学生查阅相关资料自行解决。有价值的语文问题,即能够引发学生深入阅读和思考的问题。因此,对于不同的问题,教师要善于归纳总结,甄别筛选。选取富有价值的问题,选取学生"最近发展区"中发生的问题,引领学生深入学习文本。

教师对问题的梳理过程就是筛选、合并、组织的过程,即所谓的重构。在重构过程中,要合理表述,讲清问题,引导学生发现探究。对于要素缺失的问题,要补充必要信息,帮助他们深入理解。例如,在讲授《阿长与〈山海经〉》时,可补充《朝花夕拾》中阿长的其他内容,帮助学生深入理解人物;补充背景知识,帮助学生理解作品主题等。

重构还包括对问题顺序的调整。例如,传统讲述《阿长与〈山海经〉》一文,大多是概括文章的事件,梳理作者的情感变化,精读"阿长买《山海经》"

的段落,体会欲扬先抑的写法。这种解读是从文章学的角度出发,虽然顺畅,但并没有从学生思考的角度设计问题。

学生初读文章,目光多会聚焦在"阿长买《山海经》"部分。这一部分无论是理解内容还是体会情感,对学生来说难度并不大。很多老师会针对此一问一答,课堂上看似热闹,实则无效。学生的疑问往往在于文章中前面写的几件事,"抑"的篇幅似乎太长了。阿长对作者的关爱仅仅体现在买《山海经》一件事吗?重读文本,深入思考,才会发现这些铺垫和"抑"都饱含着阿长对作者的爱。即使是不小心踩死了隐鼠不敢说实话,也是因为她地位低下怕被作者埋怨。所有的烦琐礼仪、古怪仪式,乃至讲述长毛的故事,都饱含着她对作者的一片苦心与爱意。儿时的作者不能体会这份深情,成年后他才终于理解,何其愧疚。这正是散文"形散神聚"的特点,也是"欲扬先抑"写法的妙处。

再如某教师在执教《背影》时,与学生一起梳理的问题是"这篇散文中的父爱藏在哪里?"然后带领学生从四个版块进行探究:"父爱藏在生活中的种种琐事里""父爱藏在朴实无华的言语里""父爱藏在为子买橘的细节里""父爱藏在父亲的来信里"。显然教师梳理的问题条理清晰,但是重构不足。因为这四个版块是依据文本的叙事顺序进行的,而非学生思考的顺序。父爱藏在"过铁道买橘子"的细节中,学生初读便知。然而前文花了那么多的笔墨写回家奔丧,写父亲嘱托茶房,写他亲自送我,忙着讲价钱,拣定座位……这正是特定环境下特定的人物形象,每一件事、每一处行为,点点滴滴都是父爱。前文的情节乍看好似赘笔,实则铺垫巧妙,体现了散文的特点。

教师在课堂中要引导学生主动质疑,并对问题进行梳理和重构,因势利导,相机点拨。"当信息缺失时,学生就无法形成证据链,我们需要搭建支架,提供相关资源"[①],让我们的课堂变得富有知识性、趣味性,达到教与学的和谐。

(三)问题应指向语言文字的建构,凸显文本的价值

语文的核心素养中,语言的建构和运用是最关键的一方面,是思维的发展和提升、审美的鉴赏和创造以及文化的理解和传承三个方面有效实施的依托。

---

① 魏本亚. "问题解决"式语文学习的发生路向 [J]. 中学语文教学,2019(09):16-19.

　　教师在引导学生解决问题的过程中,要始终关注学生语言的学习与揣摩。语文学习的关键不在于文章讲了什么内容,而在于怎样讲的。教师要引导学生在语文阅读实践中"积累较为丰富的语言材料和言语活动经验,形成良好的语感;在已经积累的语言材料间建立起有机的联系,在探究中理解、掌握祖国语言文字运用的基本规律"①。

　　学生对于问题的思辨、理解、讨论,都应基于文本的理解,指向语言文字的实践。在授课中,教师不能天马行空,忘却语文学习的根本。教师要充分发挥"导"的作用,适时点拨,引领学生读一读、品一品、说一说。正所谓"披文入情",教师要带着学生通过文辞来了解作者所要表达的感情,沿着文辞来找到文章的源头。

　　2019 年教育部下发了《关于深化教育改革全面提高义务教育质量》的文件,再次倡导"启发式、互动式、探究式"的教学方式。"课堂应该成为学生思维的训练场,情感熏陶的主阵地。"② 每位教师都应深入学习,把语文课堂还给学生,让学生在课堂中主动发问、主动探究。

---

① 　中华人民共和国教育部. 普通高中语文课程标准(2020 年修订版)[M]. 北京:人民教育出版社,2020:5-6.

② 　王雨冰. 如磋如磨兴味长 [J]. 中学语文教学,2019(12):12-14.

第十一章

朗读展示教学策略

一、朗读教学的理论探索

（一）朗读教学的历史沿革

从"朗读"的字面意思来看，"朗读"是指清晰响亮地把文章念出来。"朗"指的是声音清晰响亮，"读"的含义古今却有所不同。古代的"读"更接近"吟"，强调的是语言的节奏和声韵的变换，古人常说"熟读唐诗三百首，不会作诗也会吟"。现在的"读"则更多表达的是"看着文字念出声音"。

现在的"朗读"概念与早期的历史文献中的"诵"接近，"诵"是中国传统诗文教学的重要手段，先秦时期的《周礼》记载"以乐语教国子，兴、道、讽、诵、言、语"，儒家经典《礼记》里有"十有三年，学乐诵诗"，另一部经典著作《荀子》也认为学习"始于诵经"。诵读教学在宋元时期得到迅速发展。主要功臣当推宋代理学家朱熹。他说"见得古人诵书，亦记遍数，乃知横渠教人读书必须成诵"，还提出"要读得字字响亮，不可误一字，不可少一字，不可多一字，不可倒一字"。后一句话现在还经常被用作学生朗读的一个基本要求。清代桐城派重视诗词的声调节奏，提倡"因声求气"。清代的大儒曾国藩也非常注重诵读，家训中记载"须熟读古人佳篇，先之以高声朗诵，以昌其气；继之以密咏恬吟，以玩其味"。可见，在几千年的历史文化中，诵读一直备受重视，成为传统诗文教育的重要方法。

（二）朗读教学在当代的发展

著名教育家叶圣陶先生曾言"语文学科，不该只用心与眼来学习，须在心与眼之外，加用口与耳才好"，而朗读就是心、眼、口、耳并用的一种学习方法。他还提道，朗读可以"亲切地体会"白话与文言，在不断朗读中，在潜移默化间，内容和理解都化作自己的东西。叶圣陶肯定了朗读在语文教学中的重要地位和作用。著名语文教育家吕叔湘先生指出，语文教学的主要任务就是培养学生的语感，而语感主要通过朗读来获得。朗读在教学中的重要地位可见一斑。文学家俞平伯先生也曾提道，诗文阅读时，"目治"即一般的阅读，仅能达到"泛览"水平。只有"耳治"，即朗诵，才能更好地理解文章的深意。文学大家朱自清先生在《了解与欣赏》一文中强调，"吟诵"是欣赏诗文的必经过程。吟诵可以变死的语言为活的语气，并得其意味。当代学者曾祥芹先生对朗读的研究也很有见地，他认为朗读是视读与听读的结合、吸收与表达的统一。经过多年的探索，他把侧重整体感悟的诵读放入朗读的子系统，使得朗读这种教学手段的外延更为广泛，朗读也成为一种更高水平的学习方式。

当代著名教育家于漪老师在著作《我和语文教学》中指出，语文课上，教师要引导学生反复朗诵重要词句、关键段落，读出情感，读出气势，这样的语文课堂才能教得声情并茂。如果忽视朗读，不能口出声、声传情，课堂的效果会大受影响。于漪老师是国内最早一批重视朗读并实践朗读教学的教育专家，她的引领给朗读教学的开展奠定了基础。

语文教育专家窦桂梅老师进一步界定了朗读的内涵，她指出朗读是清晰、响亮、富有感情地读熟文字，朗读变视觉形象为听觉形象。她的说法丰富了朗读的内涵，她还将朗读划分了不同的层次，她的朗读实践也为当前朗读教学的开展做出了重要贡献。

特级教师余映潮不但非常重视朗读教学，而且在朗读教学课型的创新以及朗读课的具体操作方面都有极大贡献。《余映潮阅读教学艺术50讲》提道，"朗读课，是一种常常被讲读课所压抑的课型"，而"不论从哪个角度讲，朗读课都应该是一种十分常用的课型"。他认为，朗读教学非常重要，如果朗读指导有方，学生可以从中感知文字与声律、体味语言与情感、进入文章意境，从而发展语感。余老师还专门就朗读课开发出几种课型，如品读课、学读课、析读课、听读课、演读课，开拓了朗读课的研究层面。他还提出"美读吟诵法"，这种方法提倡学生美美地读，并把朗读分为三个层次——认知文字、感受音律、体味情感。"美读吟诵"的提出为教师在语文课堂中实施朗读教学提出了具体的要求与目标，提供了可以借鉴的操作模式。余老师也给出了一些朗读课堂的设计思路，如"小步轻迈——层次分明""角度精确——过程生动""听读结合——形式活泼""创造氛围——激动心灵""以读带析——效益双重"等，给语文教师的教学实践提供了很好的借鉴。

程翔老师在朗读教学方面的实践也走在语文界前列，他提倡回归语文教育之本，主张语文学习过程要"美读吟诵"。要求学生放开声音，全身心投入作品的朗读，利用朗读的技巧与方法将感受到的作品情感通过或急促或平缓，或愉悦或悲怆的朗读表达出来，学生在朗读过程中进行一系列的思维活动，从而锻炼思维和创造能力。程老师认为，语文阅读教学要尊重学生，重视他们在阅读过程中的生命体验活动，另一方面又要遵循语文学科特有的规律。而朗读教学就能很好地实现这些想法。程老师在教学中非常注重教师的范读、美读的引导，他的课堂大多先由学生自己朗读，获得原始理解，然后在教师的指导或范读下，学生的朗读能力不断得到提升，带动学生对文本的理解不断得到深化，从而获得深入文本的后续理解。

李镇西老师对朗读教学的重视也是有目共睹的。李老师的语文课堂通过示范朗读来感染学生、激发学生，再引导学生激情朗读，让文字走进学生的内心。李老师的教学追求是让学生进入文本，用自己的心贴近作者，在朗读中与文本、与作者产生共鸣。在教育实践中，他指导学生一遍遍地朗读，学生在逐步深入的朗读中，加深了对文本的感受，领悟出作者的真意，并体味出文章的美感。

《新课标》在1～9年级四个学段的"阅读与鉴赏"部分把朗读训练放在首位，其中第四学段（7～9年级）具体表述如下："能用普通话正确、流利、有感情地朗读"①。

"正确"是指发音正确，也是指朗读内容正确，主要是指朗读的时候不减字、不添字、不改字。"流利"主要包括在语流中词语的轻重点使用恰当，停连自如，能读好停顿，能处理好语速的快慢，实现朗读的流畅度，带给人较好的感受。"有感情"是指"要让学生在朗读中通过品味语言，体会作者及其作品中的情感态度……朗读要提倡自然，要摒弃矫情做作的腔调"②。

（三）对朗读教学的认识及目前存在问题

所谓朗读教学，是指在语文课堂中，教师将朗读作为主要教学手段来开展教学活动，采用多重朗读点拨的策略和方法，训练学生用正确、流利、有感情的朗读来表现文章内涵与作者情感的教学方式。朗读教学重在朗读活动中引导学生品味语言，分析语言的表现形式，研究文本的内容与情感是通过怎样的语言形式精准地进行表达。在朗读中感悟，在感悟后理解，在理解后再朗读，在不断地反复中，学生理解了文本的内容，领悟了作者的情感。在这个过程中，朗读与理解是相互促进、相互创生的。

朱自清先生曾在《论朗读》中说，朗读用处最大，语言教学应尤其重视。陈树民在《朗读的"用处最广大"》一文亦具体论述了朗读的价值与意义，认为朗读是发展学生基本能力的有效方式。朗读能够培养学生的语感，能够提高学生的理解能力，能促进学生语文听、说、读、写一体化能力的培养。朗读也是陶冶情操、开展美育的重要途径。

所以，语文课堂要重视朗读教学活动，要倡导学生多多朗读，在朗读的实践中走进文本，涵泳文字，体味情感，深化认识，培养语感，增加积淀。朗读教学也成为很多教师的重要教学方式，但是，在日常教学中，朗读教学还存在诸多问题，主要集中在以下几个方面。

---

1. 朗读教学的受重视度不够

目前朗读教学面临的最大问题，是师生对朗读教学的重视度不够，对待朗读教学的积极性不高。很多师生应试心强，认为考试不考朗读，平日就不愿在朗读上花费时间，而把更多精力放在怎样掌握现代文阅读答题技巧上。一些美文的教学支离破碎成习题课，并没有引导学生通过朗读进入文本情境，品味文本语言，感受文字美感，体会作者蕴含其中的情感。长此以往，学生的语感无法得到培养，其语文能力、语文素养的提升更无从谈起。

2. 朗读教学的方法与形式单一

虽然已是 21 世纪，但不少语文教师的课堂朗读还停留在放录音这一原始手段，并且将其作为最重要的朗读手段，当然有时也会让个别学生范读，手段相对单一，且随意性强。有些教师也采取分组、分角色朗读的形式，但是缺乏具体的方法指导，教师并未认真思考用怎样的朗读方法可以更好地引领学生走进课文，朗读教学徒有其表。而且部分教师不认真钻研朗读专业书籍，导致自身朗读能力欠缺，朗读知识不足，朗读示范不够有效，朗读指导较为乏力。

3. 朗读教学的目标不明确

统编初中语文教材重视朗读活动，在单元提示中，在课后练习要求上对朗读有具体的层递性要求，由浅入深，一步步提高学生的阅读能力。与此相对应，每个学段的朗读教学都应有明确的目标与要求。但在实际教学中，能系统规划朗读教学的教师微乎其微，朗读教学处于随意状态，缺少明确的目标与指向性，学生的朗读能力就很难得到提升，朗读这一较好的教学手段也难以实现。

基于朗读教学的现状，结合学生的实际情况，如何构建系统性朗读指导体系，如何具体实施朗读教学，让朗读教学真正发挥作用，真正实现让学生能够走进文本，品味语言，受到情感熏陶，以促进他们语文素养的提升，就是教师要研究的问题。

二、朗读教学的实践探索

笔者从研究统编初中语文教材的朗读要求开始，到广泛涉猎有关朗读的专业书籍，再到研究经典名家朗读教学案例，最终在自己的教学中实践，努力探索朗读教学的实施路径，探索提升朗读教学的有效策略与方法，在具体实践中研究，在研究中反思总结进而促进新的实践。通过一段时间的系统研究、实践和理论提升，笔者提炼出朗读教学的基本实施路径和操作方法。

（一）系统建构初中语文朗读教学体系

在 2022 年与 2011 年版的《义务教育语文课程标准》中，都要求把朗读训练放在阅读部分首位，足见其在语文教学中的重要地位，而且各个学段的目标层次清晰，强调逐步提高学生的朗读水平，不断拓展学生的朗读范围。笔者以统编初中语文教材为依托，梳理教材中关于朗读训练的基本要求，在此基础上系统建构初中语文朗读教学体系。

与人教社课标版教材相比，统编初中语文教材极为重视朗读教学，有朗读要求的课文数量和比例都大幅提升，且每册教材的数量分布更为均衡。这一变化弥补了人教版教材的不足，进一步强化了朗读在初中语文学习中的重要性。从统编初中语文教材七年级上册开始，朗读指导的比重大大增加，在单元提示、课后习题中，朗读教学都有具体要求。梳理、整合统编初中语文教材中的朗读资源，可以丰富朗读教学资源，为朗读教学提供有力的支撑。

以统编初中语文教材七年级上册为例，课本中多处对朗读提出要求，如第一单元"单元提示"中提道："学习本单元，要重视朗读课文，想象文中描绘的情景，领略景物之美；把握重音和停连，感受汉语声韵之美。"第一篇《春》"积累拓展"第五题为"朗读并背诵全文。找出你喜欢的段落，标出语句中的重音和停连，在小组里朗读，互相评价"。第二篇《济南的冬天》"积累拓展"第四题为"根据你的理解，标出课文第三段的重音和停连，并尝试朗读这一段"。第三篇《雨的四季》"阅读提示"中有"课文中这样的精彩语句还有很多，再找出一些来，朗读并细细品味"。第四篇《古代诗歌四首》"预习"要求："朗读本课诗歌，想象诗中情景，体会诗人的情感。"学习古诗要反复诵读，注意读准字音，读出节奏，读出韵律，感受诗歌的声韵美。课后"思考探究"要求："反复诵读《观沧海》，体会这首四言古诗质朴刚健、音调铿锵的特点，想象诗人登山临海的情景，说说你产生了怎样的感觉。"第二单元"单元提示"指出："学习本单元,要继续重视朗读,把握文章的感情基调,注意语气、节奏的变化。在整体感知全文内容的基础上,体会作者的思想感情。"《秋天的怀念》"思考探究"第一题为"朗读课文,体会作者的情感,说说文章为什么取题为《秋天的怀念》"。《散步》"积累拓展"第五题为"本文与《秋天的怀念》有着不同的感情基调。与同学一起探究本文的感情基调,并试着通过朗读来准确传达作者的情感"。

通过梳理教材发现,统编初中语文教材非常重视训练学生的朗读能力,且强调循序渐进、有梯度地进行。如:七年级上册第一单元朗读训练的重点是掌握重音与停连。第二单元的训练重点是把握文章的感情基调,关注语气与节奏的变化。古诗词的训练重点也是朗读,着眼点在诗歌的朗读节奏,让学生通过反复朗读体会古诗词的音韵之美。两个单元的朗读要求非常具体,朗读的知识点分散在每篇课文中,且各有侧重,但值得注意的是它们之间不是割裂的,而是相互呼应、螺旋式上升。即使在单元内部,某个朗读点也是反复训练,在把握的基础上逐渐提升。

从中可以看出,统编初中语文教材非常重视对朗读训练的指导。语文教师要认真研读每册教材的朗读要求,以教材的朗读指导为基础,认真梳理三年的朗读训练点,在此基础上进行实践,在实践的过程中进行完善,逐步形成系统的朗读教学体系。

(二)探索实践,提炼文体朗读教学策略

语文教育名家余映潮老师说:"朗读,是对文章感知体味的阅读活动;朗读,是用有声语言来传达文章意蕴的情感活动;朗读,是让同学们认知文字、感受音律、品味词句、体味情感、培养语感的实践活动;朗读,是一门用心揣摩、用情表达的声情并茂的艺术。"朗读强调声音的轻重强弱、停顿连接、语调语势等起伏变化,是以读的方式去理解文本,朗读活动是语文课堂教学较为常见的方式。平日教学中,诗歌、文言文、现代散文因其文体特点,声律和谐、语言精美、情感饱满,非常适合进行朗读训练,所以在实际教学中,诗歌、散文与文言文成为教材中最适宜进行朗读教学的三大文体。

1. 诗歌朗读教学探究

诗歌的体裁特征显著，具有情感美、意境美和音乐美，反复诵读、美读，有助于学生进入诗歌描写的意境，感受其韵律，体会其情感，领悟其意蕴。

声韵和谐、语言凝练、激情飞扬、意境深邃，这些都是诗词的特征。诗词是传统文化的瑰宝，是古典文化的精华。但是诗词凝练的语言、深厚的情感、悠远的意境对十几岁的中学生来说有一定的理解难度，所以诗词教学是语文教学的难点，而朗读就是较好地突破诗词教学难点的方法之一。声情并茂、抑扬顿挫的朗读可以帮助学生理解诗歌中蕴含的情感，感悟诗歌的魅力。在日常教学中，有些教师也会给学生提出诸如注意节奏、重音、语气等要求，但缺乏具体的指导措施，导致诗歌的朗读成效不佳。怎样的朗读指导才有效？如何通过朗读引导学生进入诗歌意境呢？

1）读出节奏，和谐韵律——情在"节奏"

节奏是指诗词中音节组合的高低、长短、强弱有规律地出现所形成的节拍。节奏感是诗歌的重要特点，诗歌的韵味从节奏中来。诗歌朗读如果没有节奏，就缺少了韵律美。陆机在《文赋》中提出"诗缘情"，强调诗歌表达真情实感，是情感外化的结果。而节奏在一定程度上能表达作者的情感，朗读时有节拍、有错落，方显诗歌魅力，"诗味"便会随之而"飘散"出来。

把握节奏不是一句空泛的要求，而要有具体的指导。以五言诗、七言诗中的绝句、律诗为例，看看在朗读中怎样把握节奏，展现音韵之美。五言诗中，通常是按二三式节奏来读，以王勃的《送杜少府之任蜀州》为例，"城阙／辅三秦，风烟／望五津。与君／离别意，同是／宦游人。海内／存知己，天涯／若比邻。无为／在歧路，儿女／共沾巾"。七言诗中，通常是按二二三式划分节奏。比如"君问／归期／未有期，巴山／夜雨／涨秋池。何当／共剪／西窗烛，却话／巴山／夜雨时"。对于既非绝句又非律诗的古体诗而言，教师可以指导学生参照律诗绝句的节奏来读。如白居易的《卖炭翁》，是一首新乐府诗，每句字数从三字到七字不等，但大部分诗句为七言。教师可以指导学生参照七言诗，划分节奏为"卖炭翁，伐薪／烧炭／南山中。满面／尘灰／烟火色，两鬓／苍苍／十指黑"。学生以这样的节奏来读诗，朗读出的诗歌就有了顿挫的节奏之美，为体会诗歌的情感做了很好的铺垫。

当然也不能一概而论,还要根据诗歌的情感来把握节奏。比如李白的《行路难》一诗,如果这样划分节奏"金樽/清酒/斗十千,玉盘/珍羞/直万钱。停杯/投箸/不能食,拔剑/四顾/心茫然",读起来就会觉得割裂情感,因为这样的节奏和作者表达的郁闷、茫然的心情不相吻合,所以建议学生读成四三式,"停杯投箸/不能食,拔剑四顾/心茫然",这样朗读,作者内心的迷茫与忧愁的绵长才能得以恰当体现。另外像岑参的《白雪歌送武判官归京》一诗,四三式节奏的处理也比二二三式更有韵味。试比较一下"北风/卷地/白草折,胡天/八月/即飞雪"与"北风卷地/白草折,胡天八月/即飞雪"两句,明显感觉后一句的节奏更有气势与情味,更能表现北方胡地狂风席卷大地、飞雪铺天盖地之势,隐约读出作者的惊异之情。可见朗读中节奏的把握也是具体问题具体分析的,需要师生根据诗歌内容来最终决定。

2)读出重音,主次分明——情在"重音"

每首诗歌都有主题,每句诗词都有它的承载意义。诗歌中富有表现力的词语与句子就是诗歌的重心所在,甚至是诗眼所在。朗读诗歌时,有意识地重读这些关键的词句,在轻重、强弱的对比中凸显诗歌的情感和意义。

《卖炭翁》中的"夜来城外一尺雪""市南门外泥中歇"两句诗,在朗读时需重读"一尺""泥中"两词:"一尺"极言雪之厚,可想象出卖炭翁一路踽踽独行,从"夜来"走到"日高"的艰辛;重读"泥中",同情之意、悲悯之情才得以表露无遗。唯其重读,天气之恶劣,生活之艰辛,老翁被抢走炭时内心的悲愤与痛苦才能附着其上,浸润其中。"一车炭,千余斤。宫使驱将惜不得。半匹红纱一丈绫,系向牛头充炭直"两句诗中,"一车炭,千余斤"与"半匹红纱一丈绫"的数字形成鲜明对比,"千余斤"啊,卖炭翁付出劳动如此之多,可所获仅有"半匹""一丈",劳动报酬又是如此之少!也唯有重读这些数字,卖炭翁的不幸、可怜,宫使的卑劣、无耻,才能淋漓尽致地得以体现。这样的朗读过后,不需要教师再逐字逐句地对译、解读,学生对作者悲天悯人情怀的理解也会更深入,同时还会唤起学生内心的悲悯情怀,使得他们以悲悯之心来关照社会、体察人心。再如《题破山寺后禅院》"山光悦鸟性,潭影空人心"一句中,一"悦"一"空"运用巧妙,山鸟与诗人因美景而愉悦、因清幽而超脱。朗读此句时,学生重读这两字,诗人内心的愉悦自得、宁静淡泊自然而然就流淌出来。当然,重读也不都是加重语气,单纯地加重语气会给人拙劣之感,尤其是"空"字,读得空灵缥缈,更能体现作者超脱于世俗之外的淡泊之意。

朗读其实不是简单地读出来,而是在对作品深入理解基础上的再创作。现代诗人郭沫若的《天上的街市》,因其和谐的音律、奇特的想象、优美的意境而备受人们喜爱。这首现代诗的朗读唯有节奏缓慢、语气舒缓才能营造出恬静、自然而美好的意境,所以整首诗的感情基调是轻柔而美好的。诗中有四个"定然"与一个"定"字,朗读时却不应太轻柔,而需要重读它们,只有重读才能更好地传达作者对美好生活的向往与追求、对理想生活终将来临的坚定信念,"定然"可谓诗眼一样的存在。读普希金的《假如生活欺骗了你》时,将"一切都是瞬息,一切都将会过去"一句中的两个"一切"重读,读出一种不畏任何艰难险阻的气魄、一种乐观豁达的人生态度。"而那过去了的,就会成为亲切的怀恋"一句中,重读"就会",读出对昔日坦然面对困境的肯定;"亲切的怀恋"重音轻读,读出面上含笑、心里有爱的情感,读出人生的智慧:所有过往皆为人生之财富。可见,只有在朗读中抓住这些富含情感与意蕴的关键词,学生才会在朗读中逐渐理解诗词,把握情感。

3)读出语气,音调抑扬——情在"语气"

语气在朗读中占有非常重要的地位。语气,既表现在朗读语句内在的"喜、怒、哀、乐"等思想情感上,又表现在外在声音的快慢、高低、强弱上。语气是朗读中语句的形与神的结合体。语气使朗读走向深入,是朗读者传达情感的一个窗口。爱的感情一般是"气徐声柔"的,憎的感情一般是"气足声硬"的,悲的感情一般是"气沉声缓"的,喜的感情一般是"气满声高"的。所有这些,在朗读中绝不是孤立的,经常是相伴相随的。当然,在一篇朗读作品中,通常会有一个占主导地位的感情基调。

《石壕吏》是"诗圣"杜甫的名篇,通过老妇人之口叙述一凄凉的故事,将深沉的情感寓于叙事之中,具有悲凉沉郁的风格。就全篇而言,《石壕吏》的朗读要缓慢低沉,要读出讲故事的语气,要表现出叙事诗的味道,因为它写的是牺牲，是灾难，是悲苦。朗读诗词时，可以用想象去填补空白，去构建朗读的情境：一个漆黑的深夜，一个荒凉的村落，一群凶神恶煞的差役，一个悲痛欲绝的老妇人……听妇前致词"三男邺城戍……室中更无人……有孙母未去……"老妇人的这一大段话语，分明是差役一句句逼问的结果啊！在朗读时要做好停顿，要读出老妇人内心的悲凉与无奈。

同一首诗歌朗读的语气不是一成不变的，会随着朗读的内容有所变化。比如《茅屋为秋风所破歌》，第一节"八月秋高风怒号，卷我屋上三重茅"要读得急促，"怒号""卷"仿佛让人听到狂风呼号咆哮，看到茅草胡乱飞舞。"南村群童欺我老无力……归来倚杖自叹息"要读得低沉、缓慢，因为面对群童的顽劣，年老体弱的杜甫是无奈的，是愤懑的。结尾"安得广厦千万间，大庇天下寒士俱欢颜！风雨不动安如山"，是诗人冲破个人苦难，推己及人，迸发出来的强有力呼喊，是一种超越常人的崇高精神境界，所以要读得昂扬向上、激情澎湃，读出杜甫博大宽广的济世情怀。

用有声的语言传达深厚的情感，用深厚的情感感染人心，这是诗歌朗读的追求，也是理解诗词、把握其意蕴的最好途径。在朗读中理解，在感悟中朗读，以声传情，走进文本，走进诗人的内心世界，也走进了语文的世界。在声情并茂的朗读中，学生将感受到诗词的魅力，感受到语文的魅力。

2. 文言文朗读教学探究

文言是中国古代的书面用语，言少意深、古奥难懂，生僻艰涩的词语、复杂多变的句式、陌生的典章制度，无疑都增加了它的学习难度。经典的文言作品是传统文化的精粹，具有精妙的音韵美、强烈的感染力以及深刻的思想性。多层次朗读，有助于学生理解文本，领会内涵，发展学生的文言语感，感悟文言文的魅力。

从整体来看，有别于现代文朗读的变化多端，文言文的朗读讲究平稳、舒缓与从容，播音界泰斗张颂教授指出文言文朗读"唯其平稳，才可以显出字字珠玑；唯其舒缓，才能疏通词句承续的渠道；唯其从容，才能给听者以思索的时间"。所以，朗读文言文时尽量把语词拓开、把节奏放慢，以便更好地表达文言文深沉的意蕴。

1）读出韵律之美

文言文朗读，需要注意很多方面，其中比较容易忽视的是对文言虚词的把握。虚词在文言文中大量使用，虚词通常不作为句子成分，没有实际意义，但虚词能舒缓语气，也能表达出疑问、感叹、反问、祈使等多种语气。在朗读训练中，学生揣摩虚词的用法，运用巧妙的朗读技巧，读出文言文独有的韵律之美，体会文言文的音韵特色，也有助于学生理解文章情感。

在朗读时，遇到"夫、也、噫、矣、乎、哉、焉、耳"等助词，要适当延长音节。尽管它们的作用如同"吗、了、呢、呀"等，但读起来不能像现代文朗读一样做轻声处理，一带而过。《曹刿论战》中"夫战，勇气也"，"夫"是句首发语词，没有实际意义，但朗读时要语调上扬，适当拖长音节。"也"表示肯定语气，朗读时语调同样上扬，这样的朗读才能体现文言的韵味，并传达出坚定、不容置疑的意味。还比如北宋文学家欧阳修的《醉翁亭记》，全文共有21个"也"字，25个"而"字，可谓匠心独运。这些"也"字，有的表示判断，语气较为肯定；有的表示陈述，语气较为和缓。"而"字呢，虽表示着承接、递进、转折、修饰等关系，但朗读时同样起着减慢节奏、舒缓语气的作用。"也""而"二字，如行云流水、一气呵成，使得文章委婉有致而摇曳多姿，用舒缓的语气朗读可以读出作者的轻松与自在。在漫不经心、恬淡自如的叙述中，惬意感与趣味性自然得以流露。

文言文中，还有很多骈体文，它们对仗工整，音律和谐，朗读时要读出它们声律的和谐之美。如《与朱元思书》一文带有骈文的特点，语句骈散结合，节奏分明，句式整齐，四字句居多，兼有五六七言，句式灵活；声韵和谐，多为二二式，读来如诗歌一样朗朗上口、抑扬顿挫。朗读课文时，需引导学生在读准字音、读出节奏的基础上，调整语调、语气等，读出音韵和谐、节奏分明的韵律之美。

2）读出情感之美

文言文本言简义丰，往往蕴含丰厚的情感与深刻的思想。而传统教学中，教师在指导学生学习文言文时，通常把重点放在讲授文言字词和梳理文言现象等语法知识上，这些当然重要，但不应忽视那些流传下来的经典文本的情感与意蕴。教师应通过多层次的朗读，疏通文义——朗读，体味情感；朗读，领悟

111

意蕴等,指导学生通过朗读一步步走进文言深处,并将自己的情感融入其中,帮助体味作者丰厚的情感,体会文言之美,感受文言之魅力。

比如郦道元的《三峡》一文,以自由朗读开启初读,学生体会到文章音调的和谐、句式的整齐,感受文章音律之美。再读时,要抓住每段的重点词句进行朗读指导,指导学生读出每段的情感之美。比如第一段,"自三峡七百里中",以"自"开篇,七百里三峡风貌尽收眼底,展示了一幅高空鸟瞰图。"重岩叠嶂,隐天蔽日"诗人仰望高山,深感山石险峻,自身渺小。因此第一段的朗读宜采用赞叹、敬畏的语气,读出作者内心的惊叹之情。而第三段首句"则素湍绿潭"中"则"字,用转折的语气引出下文秋冬三峡的描写,有别于夏日三峡水势的奔放之美,宜采用舒缓、轻柔的语调来读,三峡的清幽、凄婉之美在朗读中就会得以体现。

比如余映潮老师在讲授《记承天寺夜游》一文时,针对学生的朗读平淡无力、无情感波澜的特点,进行四步朗读指导,分别是读出文言的味道、读出宁静的氛围、读出夜游的兴致、读出复杂的情愫。首先指导学生把"念无与为乐者""盖竹柏影也""但少闲如吾两人者耳"中"念""盖""但"三字用吟诵的方式拖出长音,读出文言的味道,这个指导如点石成金之笔,学生再读时,文言的味道扑面而来,三句中的寂寞之感、兴奋之情、感叹之意也随之体现出来。余老师进一步朗读指导,让学生轻声朗读,把语速放缓一点,音调放低一点,读出宁静的氛围,学生的朗读慢慢进入状态,课堂也逐渐变得沉静,已然穿越到承天寺与苏轼一同赏月。余老师的第三步朗读指导,让学生读出夜游的兴致。他先让学生思考文中哪些字词能体现兴致,学生讨论发现"欣然""遂""亦""相与""盖"等词都能体现快乐之情:月色入户的快乐,与知音心灵相通的快乐,误把竹柏影当作水中藻荇的快乐等等。第四步,余老师指导学生读出一点复杂的情愫。学生朗读品味最后一句"何夜无月?何处无竹柏?但少闲人如吾两人者耳",在一遍遍的朗读中,学生读出了漫步的悠闲,读出了欣赏美景的喜悦,读出了淡淡的惆怅,亦读出了人生的旷达。余老师的四步朗读指导,引领学生逐渐走进文本,深入理解文本,使学生逐渐感悟到了文言的音韵美、情感美、意蕴美。

3）品味形象之美

情境演读就是创设一定的情境，或想象文本情境，或另设情境，引导学生进入情境，在情境中演读，在演读中品味人物形象，读懂文章意蕴。

人物对话丰富的文言文，可以在揣摩人物心理和个性特点基础上，进行分角色朗读。如欧阳修的《卖油翁》一文中有大量的语言、动作、神态描写，这就给课堂演读提供了非常丰富的素材。课前安排学生以小组为单位进行分角色朗读排练，要求他们对每一个人物进行角色分析，揣摩说话语气，也可以合理添加神态、动作。上课时小组分别进行朗读表演，评选最佳小组及朗读最佳人选。在演读的整个过程中，学生进入对话的情境，一字一句地品味语言，体会人物对话背后的心理，学生的演读让人如见其人、如临其境。如陈康肃公两句言语"汝亦知射乎？吾射不亦精乎？"与"尔安敢轻吾射！"，学生在解读角色时，揣摩出两句语气既有相同点，又有不同。第一句语气强烈，当学生用质问的语气读出时，人物的盛气凌人就得以表现。当卖油翁回答"无他，但手熟尔"时，陈尧咨的反应极为强烈，一个叹号将他的愤然之气表露在外，运用"尔"来代指"你"，在文言中，"尔"与"汝"虽都是"你"之意，但"尔"有居高临下的意味，用"尔"字不只傲慢，还更暴躁。当学生朗读到位时，对陈康肃公、卖油翁人物形象的理解就会准确而深入，对文章内涵的理解也就顺理成章了。

文言文朗读是文言文教学中非常重要的一环，掌握一些文言文朗读策略对文言教学有不可替代的促进作用。

3. 散文朗读教学探究

散文是一种侧重表达内心体验和抒发真情实感的记叙类文学体裁。在散文学习的过程中注重朗读，可以帮助学生体味文章精准的语言表达，体会作者丰富、细腻的人生体验。散文一直是中小学语文教材的主导文类，以统编初中语文教材为例，七年级上册散文 24 篇，七年级下册散文 22 篇，八年级上册散文 17 篇，八年级下册 19 篇，九年级两册课本中散文占据三个单元。散文主要分为四类，一是写景状物类，通过描绘景物表达情和理，如《春》《济南的冬天》《紫藤萝瀑布》；二是写人记事类，通过写人记事抒发作者内心情感，如《秋天的怀念》《散步》《背影》；三是抒情类，强调作者内心情感的抒发，如《安塞腰鼓》；四是议论说理类，如《精神的三间小屋》《永久的生命》《我为什么而活着》。

散文具有形散神聚、语言精美、情感真挚、意境幽远的特点，在散文教学中，教师应在朗读指导上多下功夫，力求通过朗读让学生真切地感受到散文的声韵美、语言美、情感美。

1）运用重音、停连等朗读技巧，感受汉语声韵之美

散文具有音韵美，现代散文的韵律虽然不如古代诗文那般严格，但经典散文大都富有韵律。著名作家老舍先生说过："写文章，不仅要考虑一个字的意思，还要考虑到每个字的声音。"著名美学家朱光潜先生则提出"文学须表现情趣，而情趣就大半要靠声音节奏来表现"，他认为声音节奏对于文章是第一要事。

散文的朗读教学，首先要求学生读准字音、声音响亮，继而要求读得流畅。具体来说，朗读应具有一定的节奏和速度，能读好停顿，能处理好重音与停连，能带给听众较好的听觉感受。初期的朗读教学可以采用设计"朗读脚本"的形式，让学生在朗读前做功课，在理解文章内容及情感的基础上，从感情基调、语速、重音、语气等方面进行朗读设计，并标注在朗读材料旁。朗读脚本融朗读、欣赏、理解于一体，它化感性的认知为理性的操作，可以更好地引导学生较为精准地读出散文的音韵之美。

朗读脚本的设计过程如下。

环节一：教师讲解什么是朗读脚本，出示朗读脚本范例。

环节二：学生读课文，分析内容及情感，就某段进行朗读脚本设计。

环节三：组内交流，互相补充完善。

环节四：小组代表展示，其他同学评判、补充、完善朗读脚本设计，完成一个最优朗读脚本。

例如，在《春》一课的教学中，教师出示《春草图》朗读脚本："小草偷偷地从土里钻出来，嫩嫩的，绿绿的。园子里，田野里，瞧去，一大片一大片满是的。坐着，躺着，打两个滚，踢几脚球，赛几趟跑，捉几回迷藏。风轻悄悄的，草软绵绵的。"整个段落的感情基调是轻松愉悦的。"偷偷"进行重音轻读处理，表现小草的俏皮机灵，给人以惊喜。"钻"重读，表现小草顽强生长的韧劲。"嫩嫩

的,绿绿的"重音轻读,仿佛让人感受到小草柔软的质地。"满"重读,表现一片生机盎然。"坐""躺""踢""赛"等几个动词重音轻读,表现春草勃发带来的欢乐。"轻悄悄""软绵绵"重音轻读,表现春风的轻柔、春草给人带来的舒适感。

教师引导学生从春花图、春风图、春雨图中任选一幅,进行朗读脚本设计。个人设计好的脚本,在小组里修改、完善,并在全班展示。

附学生作品《春花图》朗读脚本:

> 桃树、杏树、梨树,你不让我,我不让你,都开满了花赶趟儿。红的像火,粉的像霞,白的像雪。花里带着甜味儿;闭了眼,树上仿佛已经满是桃儿、杏儿、梨儿。花下成千成百的蜜蜂嗡嗡地闹着,大小的蝴蝶飞来飞去。野花遍地是:杂样儿,有名字的,没名字的,散在草丛里,像眼睛,像星星,还眨呀眨的。

> 本段落的感情基调轻松而欢快。"你不让我,我不让你"语速要稍快些,体现出百花争先恐后开花的热闹。"甜味儿"重音轻读,带给人无限遐想的空间。"满"重读,说明桃儿、杏儿、梨儿之多,果实缀满枝头。"成千成百"重读,表现蜜蜂之多,花儿之盛,春天之生机。"闹"重音,表现蜂蝶纷飞,嘤嘤嗡嗡,有声音,有画面。

朗读脚本是自己揣摩朗读、体味文章表达的结果,同时又对其他人的朗读起着示范、指导作用。在本单元其他课文《济南的冬天》《雨的四季》的教学中,也可采用这种方式,引导学生进行朗读轻重、快慢、停顿等设计,将朗读的节奏、语气、情感变化融合起来,再通过自己的朗读传达出设计意图及对文章的理解,将朗读提升为美读,引导学生体会散文抑扬顿挫的声韵之美,并借此实现学生对文章内容的理解、对文章情感的把握以及文章意蕴的浸入。

2）在朗读中品味语言,感受语言之美

优秀的散文作家,能够用语言捕捉到景物、人物的细微之处,能够用精准的语言传达出自身丰富而细腻的独特认知与体验。阅读者要品读文章精准的语言,体味蕴藏在其中的丰富的人生体验。而朗读体味无疑就是最好的方法。

教师应让学生积极主动地去文中寻找关键词语、关键句子,有感情地大声朗读,调动听觉、视觉、嗅觉等感官,将课文中无声的语言化为有声有色、充满情感的语言,去感受美的语言,去创造美的享受,在学生个性化的品析、朗读中,体会散文语言的魅力,养成散文语言的语感,由朗读感受进而吸纳借鉴课文的精彩语言,强化自己语言的表现力,并唤起学生的情感体验,提高欣赏品味和审美情趣。

现代作家刘成章的《安塞腰鼓》是一篇抒情散文,它气势磅礴,高亢热烈,充满着旺盛的生命力,特别适合朗读训练。上课伊始,教师先让学生自由、大声朗读课文,谈谈朗读感受。学生的答案基本围绕"气势磅礴""雄壮""豪放"等词,这是学生朗读的初感受,是朗读教学的起点。教师指导学生"美读课文,体会激情",用"好一个_____的安塞腰鼓,你看(或你听)……"开头,集体朗读主体部分。通过大声朗读,学生逐渐沉浸在安塞腰鼓磅礴的气势里。在一浪高过一浪的读书声里,他们仿佛进入安塞腰鼓壮阔的场景里,仿佛听到了那"隆隆隆隆"激越的声响,仿佛看到了那些后生们击鼓的强健雄姿。教师让学生勾画自己认为最能体现磅礴气势、最有激情的语句,以小组为单位进行阅读分析,思考归纳是怎样的语言形式表达出如此的气势与力量。学生纷纷说出自己的发现:如大量运用排比,有句子内部的排比如"震撼着你、烧灼着你、威逼着你"、句与句之间的排比、段与段之间的排比,它们交错出现、层层递进,使得文章的气势犹如江河一泻千里。朗读时后面的词语或句子声调要更重一些,这样才能读出渐次高昂、不可遏止的气势;如比喻与排比连用,"骤雨一样……旋风一样……乱蛙一样……"既有整齐之美,又有昂扬气势,而且喻体的选择也有讲究,"骤雨""旋风""乱蛙"的喻体也带有激昂之气,朗读时要把重音落在喻体上,读出喻体的特点;如多用短句,朗读时要急促有力、铿锵激昂,读出节奏感和韵律美……随赏随读,用朗读来感受文章气势,用朗读来传达自己的理解。通过朗读训练学生最终领悟:只有这样的语言形式才能承载如此的昂扬与激情。在学生品味出文章的语言美、明确了语言特点与形式后,教师再指导学生大声朗读、感受,学生再一次用朗读传达出豪迈与壮阔,感受这股不可遏止的奔腾的生命力量,进一步提升审美情趣。

3）进入情境，读出文章的情味之美

叶圣陶曾说："读书心有境，入境始为亲。"创设情境，把语言文字变成具体可感的鲜活形象，化抽象为具体，化无形为有形，让学生在具体形象的感知中，走进富有感染力的情境，促使学生由一个"旁观者"变为一个"当局者"。作为"当局者"的学生，朗读要有代入感，有主体意识，想象自己就是文本的主人公，以第一人称的身份朗读作品，使朗读活动成为自己心境的表达。朗读者进入作品所描述的情境中，经历所发生的一切，表达自己的情感体验。

比如朱自清的《春》的第一段，"盼望着，盼望着，东风来了，春天的脚步近了"，学生的朗读往往较为平淡，只是把每个字正确地读出来。如何读好这简单的一句话呢？可以进行如下朗读指导，把自己作为主人公代入文本，是"我""盼望着，盼望着"，而且两个"盼望"的朗读，声音也应有变化，加重后一个"盼望"，更能表现内心的殷切期待；是"你看"东风来了，是"你听"春天的脚步近了，仿佛"我"在与人交流，在分享春天以来的喜悦感。这样的代入与想象，才能读出"我"在期待春天、"我"在呼唤春天的感觉，同时又仿佛感受到温暖的春风拂过脸颊，看到春草焕发生机，内心无比喜悦。

在朗读写人记事类散文时，更需要创设情境。人物的朗读需要很好的角色感，角色感有了，朗读表达就对了，人物就立起来了。学生进入情境，开启想象，就能更好地进入文章的情境里，从而理解文章的情感与意蕴。

《秋天的怀念》一文中，作者两次写到"我"与母亲的对话，为更好地体会人物情感，可以分角色朗读。学生以小组为单位，共同揣摩人物说话的语气，想象人物的神态动作，尝试分角色朗读，在全班同学面前展示，并说说自己这样处理的原因，让其他同学参与评价。在揣摩语气、角色朗读、倾听朗读、评价朗读的过程中，学生对人物的理解越来越深刻，对人物角色的把握越来越到位。他们慢慢认识到，第一段对话中，"不，我不去！""我可活什么劲儿""我"的语言中体现出极端崩溃的情绪，痛苦、绝望、暴躁尽在其中；而母亲的语言是压抑着内心极大痛苦的，是尽力安慰儿子的。第二段对话中，当"我"答应母亲去北海看菊花的时候，母亲是喜出望外、激动难耐的，以至于絮絮叨叨。分角色朗读使学生进入文章的情境，理解了母亲内心的煎熬、痛苦，感受到母爱的伟大与母亲的坚忍，也体会出"我"内心的痛苦崩溃以及写作此文时深深的歉疚之情。

第十二章

作品导向教学策略

传统教学注重知识输入,教师把尽可能多的知识输入学生大脑,以备学生在需要时提取,在这种教学观里,知识是固化的,是死板的。教学过程中,学习行为不一定真正发生,很多学生接收了知识,但不能学以致用,为知识而知识,知识就成了死知识。苏霍姆林斯基说:"学生学习的最大苦恼,是看不到自己的学习成果,得不到应有的回报。"

学习产出观认为,学习真正的发生,主要在知识输入后学生思维产品的产出。在教学过程中,学生有思维产品的输出,说明学生内化了输入的知识,把知识变成了自己的见解、学问,产生了自己的新知识、新技能。学生思维产品的输出是衡量学生学习是否发生的重要标准。

作品导向教学策略,是指以学生的作品为最终成果,以终为始,逆向设计教学过程,以学生创造作品为导向,用具体任务驱动教学过程,学生经历作品构思设计、具体实施完成作品、作品展示评价反馈的过程,学生有独立思考,有合作探究,有最终生成的作品。在此过程中,学生建构了自己的知识,解决了实际问题,获得了学习成果,激发了学习动机,体验到了知识收获的成就感。

作品导向教学策略具体包括以下几个方面。

一、规划作品,任务驱动

规划作品是作品导向教学策略实施的第一步。作品可以是显性的文字产品，也可以是隐性的思维产品。当教师进行单篇课文、整个单元或者整本书阅读的教学时，可以规划一个作品作为学习成果，以终为始，逆向设计教学活动。首先关注单元主题，比如民风民俗、新闻写作、人物传记、游记、戏剧，写人物小传、编写舞台剧本、做手抄报或新闻网页、编写诗歌或散文小册子等等。其次可以与综合实践活动相关联，比如"身边的文化遗产""创立班刊"等活动，还有就是生活实际需要，比如初三毕业典礼、学校文创设计，还可以与名著阅读学习相结合等。这些作品既与学生的真实生活密切联系，强调解决真实生活问题，又运用了语文知识与语文技能，充满浓浓的语文味。

《皇帝的新装》的情节富有戏剧性，教学时，教师可以选择其中一个情节让学生以小组为单位编写舞台剧本，进行舞台剧表演，使剧本作为规划的作品引领教学。编写剧本时，为让人物形象更鲜明，学生要揣摩人物描写，尤其是人物的复杂心理，从而分析出人物形象，过程中再适当添加神态描写、语言描写等来突出鲜明的人物形象。在这个过程中，学生了解了情节，把握了人物，领悟了内涵。统编初中语文教材八年级上册第二单元，内容都是关于"重要他人"，体裁主要包括回忆性散文与人物传记，名篇有《藤野先生》《列夫·托尔斯泰》《美丽的颜色》，写作任务是"人物传记"。教师可以规划作品"凡人小传"来逆向设计单元教学，将读与写完美结合。阅读名著《艾青诗选》时，教师可以让学生自己设计《新诗集艾青诗选》，内容包括封面设计（含名字）、分类整理《艾青诗选》（如按意象）、诗后赏析、我读《艾青诗选》（致敬艾青）等。

作品规划后，教师可以把完成作品作为一个主任务，再分解为几个子任务，以任务驱动的方式推动作品的完成。几个子任务之间应有逻辑关系，共同为主任务服务，不能有割裂感。设置任务时，教师要做到胸中有丘壑，眼中有课标，明确学生核心素养在每项任务中的体现。还以八年级上册第二单元为例，完成作品"凡人小传"为主任务，有的教师就设计成如下四个子任务：子任务一，朗读识字小能手；子任务二，"走进敬爱的 ta"文本梳理；子任务三，角色扮演"伟大蕴于平凡"；子任务四，写一则"凡人小传"。四个子任务没有逻辑关系，而且除去第四个子任务外，其他三个子任务也不能为写"凡人小传"提供支撑。教师可以设计如下有逻辑关系的四个子任务：子任务一，阅读经典传记《列夫·托尔斯泰》《美丽的颜色》，了解传记特点；子任务二，采访身边凡人小事，积累传记素材；子任务三，阅读回忆性散文《藤野先生》《我的母亲》，补充传记中写人的方法；子任务四，写作传记，评价反馈。这样的设计环环相扣，更有利于学生完成"凡人小传"的作品。

有作品的规划，有任务的驱动，学生的学习积极性会大幅提高，作品像远方树上的果实，看得见，有吸引力，吸引着学生携手去摘取。

二、合作探究，形成作品

活动要以学生为主。学生明确任务后，自己组建团队，制订计划，团队内进行合理分工，开展探究，以团队合作的方式去解决问题。活动中真正做到以学生为中心，使学生的主体性得到真正凸显，从而培养学生的批判性思维、创造性思维、运用知识解决问题等高阶思维和技能。同时，学生在解决问题的过程中，如果遇到一些困境和问题，教师要给学生搭建支架，提供帮助。

学习《艾青诗选》时，教师让学生设计封面，并重新拟题。学生进行活动时，自己组建小组，在组长带领下，小组共同讨论出封面创意及诗集名称。在这个过程中，学生反复研读《艾青诗选》，从中提炼意象如土地、太阳作为画面主题，分析诗歌风格凝结成或凝重或绚烂的画面色调，安排小组内一个有美术特长的同学来实现，整个活动分工明确，完全以学生自己为主体，让他们通过合作来解决问题，完成作品。

学生在自主完成作品的过程中，如果遇到不能解决的问题，教师要适当搭建支架，提供帮助。九年级下学期时，借助"综合性实践活动：岁月如歌——我们的初中生活"，笔者策划了班级纪念册的设计活动。活动有"青春序言"文本写作、"成长足迹"文稿撰写编辑、"明星风采"文本创作等。每个活动都是由学生以小组为单位自主完成，比如"青春序言"文本写作，可以先由教师提供学习支架序言范例，组织学生学习，使学生明确序言的写作方法，并通过交流讨论确定本组的班级纪念册序言写作内容，然后进行组内修改。在"成长足迹"文稿撰写编辑时，教师也应提供写作支架——记录学生成长的写作范例，让学生交流讨论成长记录写作的必备要点。

该活动应充分尊重学生的主体地位,以学生为中心。面对真实任务,学生合作解决问题,遇到难以解决的问题,教师提供学习支架。活动过程中,学生在"做中学""学中做",运用语文知识,提高语文技能,培养核心素养。学科实践相关研究表明,学生只有亲身参与了实践,在实践中亲历知识创生的过程,才能将"学了"转变为"学会了",书本上的知识才能成为真正被理解、内化的知识。只学习而不运用或者先学习而后运用都难以实现对知识的深度理解,难以实现对学科核心概念的深层次建构。

三、展示作品,评价反馈

作品展示是考察、判断学生学习过程与结果的关键一环。它与传统教学检测不同,不再通过传统的纸笔化测验进行评价,而是依据合适的评价标准,基于学生的作品,对学生的综合表现做出评价,并通过综合的评价工具,判断学生在学习中是否达到预期的学习目标。

作品展示可以分为阶段性成果展示和最终成果展示,可以通过微信公众号展示,也可以通过课堂、板报等展示。作品展示对学生充满吸引与挑战。通过展示自己的作品,并做进一步解释,学生可以充分展现出自己在解决问题、完成作品过程中的所思、所想,表现出自身的理解和思路。这一环节能够有效帮助学生掌握学科核心内容、提升批判性思维,同时发展协同合作、有效沟通、解决复杂问题等能力,真正让学生学会学习并培养学术思维。

如作品"岁月如歌——我们的初中生活"班级纪念册完成后,笔者组织了展示分享会:各小组将完成的各个栏目借助多媒体进行排版整合,为每一个栏目设置简单的文字介绍环节;各小组组织班级纪念册分享展示分工研讨会,商议展示的基本形式、道具材料等内容;各小组组织进行班级纪念册分享展示的排练工作;班级进行各小组"岁月如歌——我们的初中生活"班级纪念册的展示交流,依据评价量表进行评价,评选最佳班级纪念册,其他组的特色作品后期也可编入,汇编成册。

作品导向的策略实施体现了学习方式从传统被动接受到主动学习的新变革。它唤醒了学生的学习热情、学生的主动意识,让学生在"做中学""学中做"，使学生在完成作品的过程中体验成长。在学习过程中，学生以小组形式参与，共同通过分工、协作来更好地解决问题，有效培养了协作能力，同时也内化了核心素养。学生在完成作品的过程中，团队合作，共同探究，培养了关键能力，潜移默化地形成了必备品格，涵养了正确的价值观。

第十三章

促进学习的课堂评价
设计评价量表，推进名著阅读
——以《经典常谈》为例

一、实施背景及解决问题的路径

统编初中语文教材对八年级下册中的名著书目有了调整，加入了朱自清先生的《经典常谈》一书。

对于这本名著，一些学生在自读中出现了畏难情绪，教师在推进过程中缺少有效的方法和策略。通过与学生和同事的交流，结合个人的反思，笔者认为出现以上问题的原因主要有：本书涉及书目较多；许多书名虽耳熟能详，但是难以引起学生的阅读兴趣；阅读这类书籍，学生不清楚自己需要达成怎样的阅读目标。

教师在推进过程中，缺少可直接借鉴的经验：用怎样的方式推动学生进行阅读？如何指导学生持续地有兴趣地进行阅读？要制订怎样的阅读计划及目标且有实效？

通过以上思考，针对当前初中名著教学的评价缺少针对性、评价方式单一、评价作用难发挥等问题，笔者确立了以下解决问题的路径。

（1）深研《新课标》，以学习任务群为载体，宏观架构整本书的阅读管理。

（2）关注学习过程，通过评价量表的设计，持续推动学生整本书阅读的任务进阶。

（3）加强过程性反思，及时依托学情进行调整和改进，实现"教学评合一"。

二、深研《新课标》，宏观架构整本书的阅读管理

（一）深研《新课标》

通过翻阅 2022 年义教版《新课标》中的相关内容，不难发现，《新课标》从整本书阅读的时间安排、任务内容、任务形式、交流形式、评价方式等诸多方面其实都给予了教师实际操作的启示。

（二）宏观架构

（1）依托三类课型，实现"整体—局部—整体"的阅读过程。

① 导读课重在整体规划，激发兴趣，为学生展示"阅读地图"。

② 推进课重在循序渐进，确保进程，推动学生有序开展阅读。

③ 提升课重在整合提高，深度学习，带领学生研特色练思维。

（2）基于课标要求和名著特点，与学生共同设计了以任务群为载体的阅读计划。

任务一：通读整本书，按章节梳理相关内容，完成读书笔记。

任务二：研读部分章节，深入了解相关内容，进行专题展示与交流。

任务三：总览全书，就本书的语言风格、思想内涵、文化价值等方面撰写文学鉴赏文章。

三个任务从不同维度对《经典常谈》进行了阅读与探讨、分享和交流。每个任务完成的过程中，教师都依托量表进行嵌入式评价，予以学生过程性的指导，促进学生完成阅读任务和实现阅读目标。

三、设计评价量表，实现整本书阅读的任务进阶

任务一的实施过程主要分为以下三个阶段。

（一）第一阶段：归纳法编制量表，促进学生"读好"

第一阶段布置梳理作业时，学生无须量表指导，教师通过学生自主的阅读和整理来了解学生阅读《经典常谈》最真实的接受、吸收情况。学生自主阅读后，对章节进行整理。作业呈现出的具体样貌及所需调整的细节，将成为教师和学生共同编制量表的学情基础。

通过前两个章节的梳理作业，笔者发现学生在内容、形式这两个大方面存在不同程度的问题，如重点知识内容有疏漏，整理的内容没有分段连成一大片，又或者是涂改较多、字迹潦草。因此，观察辨别并与学生讨论交流后，笔者与学生共同编制了第一阶段的量表。

这个阶段的量表，主要是引导学生初步建立《经典常谈》梳理作业的基本要求。评价方式设置为自评和师评，目的在于通过这两轮评价，不断调整认知差异。

经过四次作业，学生深切感受到有了量表指导的作业完成路径和要求愈加明晰，两个班级中三分之二的学生可以在各评价指标中全部拿到 B 以上的等级。更让人惊讶的是，个别原本不完成此类作业的学生也交上了自己的整理作业。学生原本阅读的畏难情绪在这个阶段已经基本消失，这就为继续有效推动《经典常谈》的阅读计划奠定了坚实基础。

（二）第二阶段：量表的改进与更新，促进学生"读深"

经过了前面几个章节的阅读与梳理后，部分学生有了超出量表基本要求的作业表现，同时也有学生提出了目前量表指导下的一些困惑，这主要集中在以下两个问题：哪些内容需要整理呈现？量表在表述和等级划分上可否更加细致具体？

这两个问题的提出，显示出学生在阅读、梳理《经典常谈》时较之前有了更为深入的主动思考。同时，这也表现出学生对于作业获得更高等级、获得教师认可的一种内在需求。

基于以上实践，笔者和学生迎来了量表的第一次更新。

经过和学生的讨论和交流后，笔者首先通过提供整理提纲这一支架，解决了第一个问题,量表中的"核心内容"就是提纲支架。如第八章《战国策》,提供给学生的提纲支架是战国时代名字的由来,什么是"游说之士","游说之士"的代表人物及其经历,《战国策》的文学常识(作者、内容、成书过程、对书的评价)。在提供支架后,通过当堂课的整理验证,学生明晰了需要整理的核心内容。

但实际上,笔者还想通过这种提纲支架给予学生一个新的引导:能否在提取了碎片化的信息后,将它们整合为系统的知识内容,又或者是能否对阅读章节进行结构化的整理。这样做的目的主要是为了帮助学生建立起对每个章节内容结构化的框架,让学生的阅读认知更加系统化、科学化。

非常可喜的是,在这次更新完量表的作业中,有学生根据整理提纲,做出了相对系统化的整理。在展示交流作业时,学生通过对比,普遍都找到了自己提升方向。

同时,针对内容呈现要求的调整,笔者新增了对于语言表述的要求。由于之前内容呈现多为知识点的提取,而目前的系统化整理方式对于学生语言的驾驭能力有了一定要求,如何在筛选提取信息后准确、连贯地表达出来,成为量表中的新增评价指标。

同时,必须指出的是,这个量表仍存在不足,学生提到的第二个问题还未能有效解决。囿于当初制作时有限的量表知识,笔者对于量表的分级及描述还未能更进一步,只是在书写方面进行了更多考量纵向比较。

(三)第三阶段:量表的迭代与升级,促进学生"读透"

经过前两个阶段的阅读,学生已经适应了目前"阅读—梳理"的模式,对于支架支持下的阅读或者是梳理作业这些基本任务的完成驾轻就熟。在这个渐渐深入的过程中,学生有了更多需求,如有的学生想要自己建立支架提供给大家使用。而此时,在经过青岛市市北区组织的高级研修班培训后,笔者对于量规分级设计也有了更深、更科学的认识,所以在与学生的沟通、交流后,结合之前作业趋于系统化的导向,对于量表提出了更加成熟的要求。

这次量表的更新,主要聚焦在内容的呈现方式上。

第一个改变是将之前提纲支架的给予方式做出了改变,从教师给支架变更为各小组讨论研究支架。这首先调动了更多爱动脑、会读书的学生的积极性，赋予了学生更多的自主权，让学生在整理作业时有更多的责任感和成就感，同时也有效带动组内更多同学参与到《经典常谈》的研读中。

第二个改变是将"系统化"加入了评价量表的 A 类等级中，提高了对于呈现形式的要求，但同时也保留了 B 类等级要求中隐含的可以不用系统化整理或者仅仅用系统化方式整理部分内容这一项。这样既给能力强的孩子更多展示的空间，也允许部分学生可以在原有水平上再做停留，等待他们继续进步。

同时在语言要求上，通过问题数量明确区分了 C 和 D 类等级的差别。

而在评价方式上，从自评和师评改为了自评与组评。这样改变的原因，一是因为内容支架是组内智慧的结晶，二是因为学生目前具备了可以参照评价量表给予他人较公正评价的能力。通过组评讨论的过程，学生可以对照之前自己讨论的支架，就章节内容有更为深刻的认识和理解。

最后一个变化是量表的评价等级从之前的三项扩充为四项。这个调整主要是在和朱伟强教授的探讨中，他提示笔者"选偶不选奇"，尽量不设置中间项，可以在实际操作中避免学生自评或组评时"中庸"式地选中间项的偷懒行为，引导学生对量表和作业进行多次反复对照与思考，让嵌入式评价发挥更深入的作用，从而更好地促进学生对《经典常谈》的阅读与思考。

四、小结

回顾整个任务一的阅读过程，基于学生学情，笔者以量表作为驱动力，通过有针对性设计评价量表，不断指导学生解决阅读《经典常谈》中遇到的各种问题，其中有许多值得继续坚持和可以继续探索的地方。

（一）依托评价量表实现学习导航

在推动《经典常谈》任务一的阅读过程中，采用评价量表作为驱动力，将整理作业作为评价任务，可以最大限度发挥评价任务为学生创造机会展示自己的进步和能力这一积极的价值观。而采用的评价量表主要是定性的量表类型，其中描述性的评价大都属于正向引导。正向引导的使用可以对学生心理起到积极的激发作用，有效增强学生的阅读积极性。

（二）借助评价量表实现学生主体化

多元智能教学模式认为，如果评价标准是与相关人员共同商讨制定的，那么评价就会有助于学习。因此在评价量表的设计和应用过程中，教师应始终将学生视为"协作者"，赋予学生在学习过程中更多的责任感和成就感，帮助学生在阅读过程中获得持续动力。

（三）评价量表的迭代即学生发展的进程

评价量表不是一成不变的，作为形成性评价，它要以学生为主体，随学情的变化不断做出调整，才能不断促进学生的阅读与认知，创造新的最近发展区。学生在对评价量表的生成与修正完善中，完成个人对文本的二次建构，有效实现核心素养的内化。

（四）科学使用评价量表助推课堂发展

但同时也应该看到，作为教师，作为整个阅读活动的引导者，如果能掌握更全面、更专业的设计评价量表方面知识，会使阅读过程更加有效且科学。

第十四章

单元整体作业设计

一、单元整体作业设计的理论探索

作业的本质是什么？对这个问题的认识是教师进行作业设计的逻辑起点。

"作业"一词最早见于春秋战国时期的著作《管子》，其中的"作业"是"劳作"之意。在《学记》中有"退息必有居学"一句，是指课后休息时也得有课外练习。可见，在那个时代，作业就已出现，并与课上内容互为补充。《辞海》中这样解释"作业"：为完成学习方面的既定任务而进行的活动。而《教育大辞典》则把完成学习任务的作业分为课堂作业和课外作业两类。当下对于作业一般这样认定，作业是为达成一定教学目标，与完成一定的教学和学习任务密切相连的学习活动。通常来说，作业是课堂教学的延伸，目的是为巩固学生课内所学的知识与技能。

义务教育阶段的作业通常被视为教学的补充环节，但在"素养时代"的改革和实践中，作业的功能不仅限于此。首先，如上所述，作业是课堂教学的巩固与延伸。其次，作业又有其独立价值，是"一种创造性的探究活动"，是学生自觉探索与创新的学习活动，是学生通过自主实践、协作分享将课堂的间接经验引向真实情境的过程，可以培养学生自主学习的能力，提高学生的时间管理能力，并能加强学生之间的合作意识，有着较高的育人价值。最后，作业作为一种学习任务或实践活动，越来越强调与生活相结合、解决生活实际问题，强调实践性、探索性，利于切实提升学生解决真实问题的能力，内化核心素养。

但是，长期以来，我们的作业设计存在一些问题。一是随机性，作业常是教师的即兴之作，在课堂快结束或当天快放学时，匆匆布置而成。二是碎片化。作业较为零碎，内容通常是当天知识的巩固，作业设计缺乏整体思维，今天的作业和明天的作业以及单元内容有怎样的深度关联呢？很多教师没有去仔细思考。三是思维含量少。有些学生不用深入思考，只抄写就可应对，无法检验学生的能力，更难以激发学生的求知欲。其原因一方面是教师对于学生在家的学习质量缺乏信心，另一方面也是这类作业简单易批改。四是一刀切。不管哪个层次的学生，大家都面对同样作业，这样就会出现优秀学生"吃不饱"，而基础较弱学生可能"受不了"的现象。同为教学设计一环，很多教师并不愿意把精力过多放在作业设计上，而更愿意放在易出彩的教学过程设计上。这些设计倾向导致作业的质量不高，很难起到提升能力乃至育人的作用。

什么是好的作业呢？好的作业一定是经过教师精心而周密设计的，好的作业是指向思维进阶、素养提升的，好的作业是内容多样、关照个体的，好的作业是尊重个性、满足差异的，好的作业是遵循课标、紧扣教材的，好的作业是整体关照、统筹安排的。好的作业可以激发学生内驱力，使作业变成一种自觉的行为。

二、基于单元的作业设计的实践探索

（一）单元整体作业

单元整体作业是指教师以培养学生的核心素养为目标，以语文教材单元或学习单元为单位，以学习者为核心，依据单元目标，整合单元教学内容，设计的有层次的系统性单元整体任务活动。

以往的作业通常以课时为单位，不可否认，以课时为单位的作业自有其优点，如针对点状知识、训练扎实。但它随意且零碎，很难系统培养学生的能力。单元整体作业是以单元为整体进行思考设计的，可以从一个相对宏观的层面，在相当长的一段时间来系统培养学生的各项能力，更有利于学生素养的提升。

1.统筹规划，关注整体性

整体性是指以教材单元或教学单元为整体视角，对作业进行统筹思考、整体设计。它有两方面的体现，一方面是从孤立的、单篇的点状设计走向单元的、整体的网状设计，另一方面是指作业各个要素间的统筹规划。现行统编初中语文教材采用"人文主题""语文要素"双线组织单元，每个单元的编排是有主题、有梯度的。教师可以梳理出单元的共性特点及共性能力，以单元为整体来设计教学及作业，当然也可以自主合理构建学习单元，以学习单元为单位进行相关设计。

统编初中语文教材八年级下册第四单元是演讲"活动•探究"单元，教师可以通过开展关于演讲的任务群学习，以真实的生活情境为基础，以实践活动为主线，引导学生在自主学习演讲的过程中构建演讲知识体系。教学实践中，教师可以设置情境"假设学生会组织竞聘学生会主席、团支书、校刊主编，你打算竞聘其中某个职位，请你撰写一篇演讲稿，进行竞聘演讲"，以此为主任务展开本单元的活动探究。在主任务的引领下，设置三个有梯度的子任务，将教学环节设计为"学习演讲词""修改演讲稿""举办演讲比赛"三个学习子任务组成的任务群，分别对应阅读课、写作课、表达课，单元作业设计也紧扣主任务，在每个子任务中规划相应作业，三项作业层层递进，又与课堂内容不可分割、相互融合，共同来完成单元主任务。单元内容与作业方向见表 14.1。

又如统编初中语文教材八年级上册第四单元是散文单元，散文类型丰富多样，涵盖叙事类散文《背影》、托物言志类散文《白杨礼赞》、哲理类散文《短文两篇》、写景抒情类散文《昆明的雨》等，展现了多姿多态的自然美景和社会生活，表达出作者独特的情感体验和深刻的人生理解。但是教师在讲授这些散文时，通常会过多关注每一篇散文的个性特质，而少有整体的思考，更遑论作业任务的整体性设计。当教师以整体性眼光来看待这些文章，用"这些散文是怎样表达出作者对生活独特的感受与思考"这一主问题统领单元内容时，单元就系统化了，作业任务也就"水到渠成"：在学完每篇散文后，结合当篇散文总结此类散文的表达形式。如在学完《白杨礼赞》这篇托物言志散文后，可以设计如下作业：文中的"物"与"志"是怎样统一在一起？"物"怎样描写，"志"怎样传达？怎样的语言形式承载了这些内容？这样的整体性作业设计可以促使师生进一步思考，体味此单元在全册乃至初中阶段的重要性，促使师生对散文这一文体的理解更加系统化,理解散文对于提升学生的语文能力及语文素养的重要作用,实现核心素养的内化。

表 14.1 统编初中语文教材八年级下册第四单元主任务及作业方向

主任务	任务安排	任务目标	选用材料	读写结合点	作业方向
撰写演讲稿:假设学生会组织竞聘学生会主席、团支书、校刊主编,你打算竞聘其中某个职位,请你撰写一篇演讲稿,进行竞聘演讲	学习演讲词(阅读课)	单元群文阅读,理解作者的思想观点,比较各类演讲稿特点,学习演讲方法	《最后一次讲演》《应有格物致知精神》《我一生中的重要抉择》《庆祝奥林匹克运动复兴25周年》	阅读演讲稿,学习写作手法,并应用于演讲稿写作	1. 试写竞聘演讲稿。2. 阅读演讲词,归纳每篇演讲稿特点,分析演讲稿写作方法
	修改演讲稿(写作课)	1. 梳理四篇阅读的演讲稿知识及表达技巧,提供修改支架:如何围绕观点展开思路、如何开头、如何结尾、如何让语言有感染力。2. 针对试写稿中暴露的问题结合演讲稿知识进行评讲	1. 学生试写的演讲稿。2. 学生作业中总结的演讲稿写作方法		1. 根据写作支架修改演讲稿。2. 搜索名人演讲视频或著名演讲节目,学习演讲技巧
	举办演讲比赛(表达课)	学习演讲技巧,关注语气、语调、重音、节奏等	1. 学生修改后的演讲稿。2. 经典演讲视频,如马丁·路德·金的《我有一个梦想》		1. 课前小组内演讲,选拔小组最优。2. 每人录制配乐演讲视频

2. 读写共生,注重读写能力

阅读与写作是语文教学的双翼,语文教学的主要内容就是培养学生的阅读与写作能力。阅读是吸纳,学生在阅读中吸收文章的营养,并在此过程中培养思维能力;写作是输出,学生在表达中梳理自己的感受与思考,并在此过程中进一步内化,提高语言运用及思维表达能力。写作需要借助阅读积累,阅读需要写作反思而精进,二者关系密切,和谐共生。在作业设计中突出阅读与写作方面的内容是教师的重要研究方向。笔者在统编初中语文教材七年级上册第一单元的教学设计及作业设计中,就有效贯彻了读写共生的理念。

统编初中语文教材七年级上册第一单元是写景抒情单元,《春》《济南的冬天》《雨的四季》《古代诗歌四首》均是写景名篇。这些文章描绘了多姿多彩的四时美景,抒发了作者热爱自然、热爱生活的情愫,营造了美好、深远的意境,表达出作者对自然的独特体验。在进行单元整体教学设计时,可以"我以我心颂四季"为主题统领内容,设计单元主任务:写一篇描绘青岛(或学校、小区)四季(或一季)之景的散文,表达自己独特的情思。本单元整体教学设计以写作为主任务,与四篇写景名篇的阅读共同构成读写共同体,打通阅读教学与写作教学的壁垒,共同促进学生阅读与写作能力的提升。以下是每个课段的主任务及作业设计方向。

第一课段的主任务:学习《春》《济南的冬天》两篇文章,朗读课文,想象美景,把握景物特点,品味写景语言。作业设计方向:自由选择段落设计朗读脚本,并上传配音朗读音频,注意重音、停连等朗读技巧;发挥想象,用比喻或拟人描写青岛(或学校、小区)当季景物片段。

第二课段的主任务:比较阅读,归纳概括写景散文的一般阅读规律,理清"如何描写景物?""如何安排写作顺序?""如何表达情感?"等问题。作业设计方向:自学《雨的四季》,比较阅读,总结本单元其他三篇课文的写景方法(特点、顺序、语言等)。

第三课段的主任务:以读导写,迁移写作。课上先拓展阅读描写青岛的名家名篇,开阔视野,再结合平日观察和本单元写作方法拟写写作提纲。作业设计方向:借鉴单元课文,完成一篇描绘青岛(或学校、小区)四季(或一季)之景的散文,表达自己独特的情思。

第四课段的主任务:作业评价。出示散文写作评价量规,自评与小组内互评相结合。作业方向:根据评价量规修改习作,并上传至班级公众号。

此单元教学及作业设计打通单元内各篇课文的阻隔,打通阅读与写作的通道,从选择景物、顺序安排、修辞手法等方面总结写景抒情散文的阅读规律;转换阅读经验为写作方法,归纳写景抒情散文的一般写作手法。课上内容、课下作业在主任务引领下互相补充,又各自独立,读写结合,以读促写,以写促读,共同实现单元目标,提升学生阅读写作能力。同时,作业作为过程性评价的手段,体现出层次性,帮助实现学生不同层级的思维培养,以此促进学生发展。

（二）单元分层作业

每个学生都是独一无二的个体,都有自己的个性特点与学习基础。如果语文作业"一刀切",势必不利于每个学生能力的培养及素养的发展。所以作业设计要关注个性、尊重差异,作业要能体现出层次性,关注学生的多元发展。设计有梯度、有层次的分层作业无疑能实现这一要求,因为它尊重学生的个体差异,使每个学生都获得与其学习能力相适应的个性化匹配,从而获得自身学业的最优发展。

1. 当前中学语文分层作业的现状

《新课标》明确提出"关注个体差异和不同的学习需求,鼓励自主阅读、自由表达。"黄伟教授在《阅读教学的层级设计:教有路径,学有实效——对三个教学设计的解读》一文中,从课程与教学的高位视角深刻剖析"减负,其中关注学生差异,作业布置层次性、多元性、活动性、探究性等是一个有效举措"[①]。

从目前来看,分层作业研究者一般将学生分为三个层次,即优等生、中等生和学困生,或者以 A、B、C 三类代替,根据学生的不同层次进行相关分层作业的布置。如廖锦婉在《初中语文作业分层布置策略》一文中,以多元智能理论、最近发展区理论为指导,根据学生学习成绩、学习能力、学习态度等多个方面对学生进行分层,将作业分别设置为基础类、技巧类、提高类作业。如刘娟在《中学语文分层作业策略研究》中,以学习基础、兴趣、性别等综合因素进行分层,而不仅仅取决于学生的学习成绩。从学生分层的角度来看,众多研究者在分层标准上呈现出更加多样化、人文化,既考虑到学生显性的成绩因素,又

---

① 黄伟. 阅读教学的层级设计:教有路径,学有实效——对三个教学设计的解读 [J]. 中小学课堂教学研究,2020（08）:25-26.

考虑到学生隐性的潜力层面。

从近几年诸多研究作业分层的文献来看,很多有着丰富教学经验的一线教师将他们的研究重点放在了具体的作业设计上,提出了不少可行的分层作业设计。白晓丽在《中学语文家庭作业的分层设计》中,将作业总量、难度、类型、完成时间和作业的评价进行分层设计。郑惠梅在《关注差异 乐享分层作业——小学中学段语文作业分层优化设计的探讨》中提倡开放型作业,根据学生能力设计多梯度作业,让学生自由选择作业,并且在作业数量和完成时间等方面都给予不同标准。由此可见,分层要求并不简单,要考虑到学生的方方面面:对于题目的难度要呈现梯度;对于题目的形式要符合由课内向课外延伸;同时还要充分考虑学生学习的自主性,把作业的选择权交予学生。

由此可见,分层作业目前已经得到学界的一致认同。但对分层作业本身的研究以及理论仍然比较缺乏,大部分研究偏重于论述分层作业的设计以及实施方法,对于分层作业在实施后的情况缺少数据跟踪统计及分析。

鉴于此,笔者进行了控制总量、分层布置、提高作业有效性的实施途径与方式的研究。对作业分层,让学生在自己能力范围内学习,有利于学生获得成就感,再配合一些"跳一跳"可以达到的作业内容,就能更好激发学生学习的欲望。另一方面,完成这样的作业所需要的时间,比完成远超自身能力的作业时间要短得多,这样学生就可以拥有更多的自由时间来完成补短板的工作,或是发展兴趣特长。

2. 作业科学分层研究及实践

1)根据作业难易度分层

因每个学生的学习能力不尽相同,所以教师在进行作业设计时,要尽量照顾到每个层次的学生,给每一类学生都提供能力范围内学习的机会。比如根据教学目标把作业设计成 A、B、C 三个等级。其中,A 类作业偏重基础知识的巩固;C 类作业偏重知识的综合运用、能力的提升;B 类作业介于二者之间。学生的分层名单也无须固定,可以根据学生的状态和能力进行动态调整,以促进分层更加科学合理。

学习统编初中语文教材七年级下册第五单元《古代诗歌五首》一课时,

教师可以设计如下分层作业：A 类作业，背诵并默写诗歌，初步理解诗歌内容；B 类作业，在背诵默写的基础上，结合重点句子理解诗歌主旨，赏析优美诗句；C 类作业，通过诗歌的学习了解每位诗人的诗歌的特色，比较阅读，分析异同。分层作业照顾到每个层次学生不同的学习需求，能激发学生的作业兴趣，提升作业的有效性。

2）根据学生不同特点分层研究

每个学生都有自己的爱好、兴趣与特长，他们也可据此来自主选择作业形式，这样可以提高他们的作业兴趣，使他们获得轻松愉悦的作业体验。在学习《女娲补天》时，笔者根据所教班级学生的不同特点，设计了如下几项作业：A 类作业，从原文中任选情节进行扩写；B 类作业，《女娲补天》课本剧改编及表演；C 类作业，搜集与女娲相关的其他神话故事；D 类作业，找出文章中你感兴趣的点进行深入研究，形成简短的读书报告稿；E 类作业，"女娲补天"的可行性研究。

还比如，学习文言文《狼》时，学生可根据自身实际情况，在以下作业内容中自主选择：A 类作业，爱积累的学生摘抄文中文言重点词语；B 类作业，爱表演的学生可以选取其中任一情节合作表演；C 类作业，爱写作的学生可以发挥想象将本文改写成白话故事，注意扩充屠户的语言、动作、神态等描写。

这样的一份作业，内容多样，不同兴趣不同爱好的学生可以根据自己的特点选择感兴趣的作业完成，大大提高了学生完成作业的积极性。

3. 分类分层作业设计的评价与反馈

（1）教师评价。教师可以通过批阅纸质作业、收集视频音频等线上作业、小测验等方式了解学生作业完成情况，并做出相应评价，给予及时的反馈、指导和建议。教师以激励评价为主，让学生在评价中获得愉悦、成功的体验，从而促使其养成较好的作业习惯。

（2）生生互动评价。评价方式也可以在学生与学生之间进行。他们在完成作业后，沟通交流、互相评价，以达到相互学习、相互借鉴、相互监督的目的，而且还可以加强生生之间的合作，培养他们的合作共助意识。

（3）自我评价。学生是作业的最终评价者。当学生完成课上学习后，需要通过作业练习来了解学习效果,完成作业后,学生对照答案自己评价,明确自己的学习状况,查漏补缺,巩固并扩大课堂学习成果。自我评价可以培养学生独立自主学习的意识,可以提高学生的思维能力,甚至发展出学生的创造力。

(4)教师也可设置量表(表14.2)让学生自测作业的完成情况,关注作业的过程性评价。

表14.2 作业完成情况自测量表

月 日	作业内容		为完成作业查阅的资料	
	自认为最大难点			
星期	字迹:工整( ) 一般( ) 潦草( ) 完成时间:( )分钟 思考程度:深入( ) 中等( ) 不足( ) 是否自查:是( ) 否( )			

(三)整本书作业

整本书阅读是初中阶段非常重要的一项任务。《新课标》指出,学生每学年应阅读两三部名著,探索个性化的阅读方法,分享阅读感受,开展专题研究,建构阅读整本书的经验,感受经典名著的艺术魅力,丰富自己的精神世界。《新课标》还单独把整本书阅读列为拓展性学习任务群。整本书阅读在中学教学中占有越来越重要的地位。教材中的名著篇幅较长,对于名著的阅读大多是以作业的形式在课下进行,这就凸显出名著作业设计的重要性。

而在日常教学中,名著阅读作业的设计却不容乐观,很多教师平日不重视名著阅读,不布置名著阅读作业,或只象征性布置阅读内容而无任何跟进措施,在考试前临时起意,下发一些整理好的名著作家作品相关知识让学生背诵,或给学生布置一些操练性质的习题来应付考试。这样的做法使得名著作业机械化、随意化,平时的不重视和考试前的突击准备无形中增加了学生对名著作业的心理负担。

教师应该整体系统地推进名著教学及作业设计,用实践化的任务驱动来激发学生兴趣,笔者做了如下的探索与实践。

1. 整体视角，系统推进

名著往往都是"大部头"，无计划、随意的阅读效率很低，需整体规划、统筹安排阅读活动，课内与课外、个人与集体怎样协调统一，怎样兼顾教师指导和学生的自主阅读都需要认真考虑。名著作业设计的整体性是依托于名著教学规划的整体性，名著阅读从学期初制订阅读计划开始，需要经历学生自读、专题研讨、表达交流三个阶段。将名著阅读贯穿一个学期，从自读到共读，从纵向到横向，从个别到专题，可实现学生从低阶思维到高阶思维的提升，实现学生阅读能力乃至核心素养的提升。

开学初，教师与学生一起拟订阅读计划，根据名著的内容、难易以及学期的长短合理安排自读、专题研讨以及表达交流时间，并在此基础上，有序推进作业的开展。

1) 自读阶段：圈点批注，摘抄赏析

学生自读是一部名著阅读的起点，也是后续所有专题研讨、表达交流的基础。学生自读主要放在每日作业：根据阅读计划，学生每天阅读定量内容，并圈点批注或摘抄赏析相关内容。

教师可弹性要求，给学生选择作业的空间。初一、初二时，时间较充裕，可多采用读书笔记形式作业；初三时，旁批可成为最主要形式。写读书笔记时，摘抄优美词句、赏析词句、写心得体会皆可。学生根据自己实际情况有所侧重，优秀生可表达对文章的独到理解，中等生可赏析优美词句，学困生可摘抄、积累词句。

2) 精读阶段：梳理内容，专题探究

自主阅读结束后，为提升学生对名著的认识，提高学生的阅读能力，教师应指导学生进行专题探究，指导学生按照专题的形式重新组合选择阅读的名著并呈现出来，最常见的就是探究人物性格及命运类、探究文章语言等艺术特色类、探究文章情节安排等专题内容。学生在通读全书的基础上，在书中梳理出专题相关内容，整合、分析、归纳得出个人结论，布置的作业也与此相呼应。在这个过程中，学生的读书会越来越深入，梳理、整合、分析、归纳，读书的要求越来越高、思维的层面也越来越高，学生的各种能力也逐渐得以培养与提高。

以《西游记》阅读为例,教师的作业设计可从如下专题去选择:一是艺术特色:环环相扣,浑然一体;二是人物形象解读:唐僧师徒四人、妖魔鬼怪、神仙;三是主题思想分析;四是艺术成就探究等方面。如解读人物形象时,可以让学生撰写人物小传等。

埃德加·斯诺的《红星照耀中国》是一部纪实作品,进行专题研究时,教师可以结合传记文学写作特点来设计作业,针对多样化的人物描写,可以进行如人物系列专题的作业设计:评析人物之群英会。如群英会之"最早出场",群英会之"最多笔墨",群英会之"最调皮",群英会之"最团结"……学生可以选择其中一个进行探究,通过选读、圈点、标注书中关于具体人物的描写进行分析归纳。经过学生一段时间的探究后,教师可选择两节课时间,以读书报告会的形式,呈现学生多个角度的研读、探究结果,最终使学生能了解传记文学的一些写作特点:用个性化的肖像、神态描写来表现人物的个性特点;引用被采访人物的自述表现纪实文学的真实性;采用一些生动的细节等,明确纪实文学作品应当关注作家对人物多角度的观察:有群体有个体,有宏大场景也有生活琐事。

这种指向专题探究的作业设计可以让学生从整体把握作品,选准角度深入探究,对作品会有更为深刻的认知,从而提高自身的理解能力、探究能力。

3)表达阶段:读书报告,主题演讲

精读名著后,学生就专题探究的问题进行集中交流与分享,这是名著阅读中极为重要的环节,教师可借助"班级读书会"设计思维层次清晰的交流活动,梳理、整合、归纳相关知识,提升学生精读名著后的认知,通过深度对话帮助学生梳理新的阅读经验,构建新的阅读体系。

此阶段的作业以小组为单位完成,应注意加强小组合作。学生以小组为单位,选择一个主题进行研究。小组内分工,每人负责此专题的部分内容,完成后,利用课余时间进行交流、完善,推出主讲人,做好充分准备进行交流。交流的形式多样,可以是课本剧表演、人物采访活动、辩论赛、故事新编、电影镜头剧本创作、人物述评,等等。这不同于初读阶段分章节的交流分享,这样的专题交流可以引导学生咀嚼出名著的精华,领悟出名著的深意,从而提高文学

素养,丰富人生体验。

在笔者所在班举行的《西游记》班级读书会上,学生发挥自己的才能、团结合作,呈现了一场精彩纷呈的读书交流会。几组同学用课本剧形式表演具体情节,如"三打白骨精",他们准备充分,从服装、道具、发型等方面极力靠近人物,贴近人物的语言、精确传神的动作,再现了经典情节,博得了同学们阵阵喝彩。两组同学组织辩论赛,围绕"在现代社会中,孙悟空、猪八戒谁最受欢迎?"辩题进行辩论,他们灵活机敏、能言善辩,在针锋相对的辩论中,同学们对人物的认识得到进一步升华。

学生作业完成后,教师可帮助学生梳理作业成果,引导学生写文评、写读后感、小论文,或者写班级活动通讯稿,积极向学校公众号投稿。还可将学生的作品结集成册,或积极向报刊投稿,或展示于班级家长群,让学生获得成就感,从而提高学生做作业的积极性与主动性,丰富学生的生活体验。

2. 任务驱动,重视实践

教师从学生的生活实际出发,创设丰富多样的学习情境,设计富有挑战性的学习任务,能激发学生的好奇心、想象力、求知欲,促进学生自主、合作、探究学习。围绕整本书的阅读,着眼于不同学段学生语文素养的落实,进行语文作业的驱动型任务设计。作业设计不仅有明确的任务,还有了可靠的学习支架,使学生有章可循,有目的、有计划地阅读,并在完成学习任务的过程中巩固阅读所得,积累语言,建构独特的阅读体验,最终实现阅读训练目标。

以法布尔的《昆虫记》为例,教师可围绕任务"我为昆虫建档案"来设计本书的名著阅读作业。在完成任务的过程中,学生纷纷为自己感兴趣的昆虫建立档案,了解昆虫的学名、别名、分布地、个性签名、外形特点、自我介绍等。当学生处于"我为昆虫建档案"的情境中时,他们不自觉地就担任了档案员的角色,这样就使得学生的阅读过程较之单纯的阅读更加真实、更加有趣。

以《艾青诗选》为例,教师可以进行如下任务设计。

(1)给《艾青诗选》设计封面,根据对艾青诗歌的理解再拟一个标题。

(2)借鉴艾青的诗歌,自由选择意象,创作几行小诗。

(3)朗诵自己所写小诗,上传朗读音频,并明确为谁读诗。

以《红星照耀中国》为例，教师可设计作业《我给红色人物设计名片》：斯诺塑造了一群伟大的革命人物，让我们感受到了红军精神。请你选择一个人物，根据书本中相关描写，为他设计一份"人物名片"。还可以把驱动任务与课本单元内容相结合设计作业：作者斯诺在书中为我们描述了许多场惊心动魄的战役，现在请你穿越到红军长征的年代，选择其中一场经典的战役，运用消息写作的知识，为这场经典战役写一则消息。

作业设计也可发挥学生的想象再创作。《西游记》中有很多引人入胜、耳熟能详的故事，教师可以找几个经典故事，分析这些故事情节的特点，让学生学习写故事的技巧：如何开头先声夺人，如何发展一波三折，如何结尾扣人心弦，如何发挥想象。然后教师启发学生大胆想象，自己创作一个新故事。要求：合理虚构，想象大胆，人物符合其性格特征；设置悬念，写出波折，生动有趣。作业布置后，学生很有兴趣，设想出了猫妖、猪妖等角色，想象出它们的形象特点以及擅长的兵器，并想象出孙悟空与它们斗智斗勇的相关情节。

（四）综合性学习类作业

《新课标》指出："作业设计要在识记、理解和应用的基础上加强综合性、探究性和开放性，为学生发挥创造力提供空间。"综合性、探究性、开放性是我们当前进行作业设计的重要追求。回看教材，"我们的互联网时代""身边的文化遗产""少年正是读书时"等这些位于语文教材单元后的综合性学习内容就符合这一特征，因其具有的开放性、实践性和探究性深受师生喜爱。《新课标》中也定位综合性学习为"主要体现为语文知识的综合运用、听说读写能力的整体发展、语文课程与其他课程的沟通、书本学习与生活实践的紧密结合"。由此可见，依托综合性学习的作业设计，强调了学生的实践活动，加强了作业与学生生活的联系，从而使作业具有综合性、探究性与开放性等特点。

统编初中语文教材七年级下册第二单元的人文主题为"家国情怀"，与之相对应的综合实践活动主题为"天下国家"。教师可以尝试将这两部分的教学设计与作业内容进行整合，以"厚植家国情怀，咏唱爱国故事"为主题，设计成整体性单元活动作业。通过小组汇报呈现该单元的学习成果，把学习的语文要素和培养的语文能力迁移运用到单元整体性活动作业中，在具体的活动准备与展示过程中强化学生对家国情怀的认识。具体设计如表 14.3 所示。

表 14.3 "厚植家国情怀,咏唱爱国故事"单元活动作业指导

形式	内容	要求	语文要素	书面作业
动情诵读	课内备选:《黄河颂》《土地的誓言》 课外推荐:《您是》(臧克家)、《黄河之水天上来》(光未然)、《囚歌》(叶挺)、《雪落在中国的土地上》(艾青) 其他课外自选篇目也可	1. 背诵诗歌,正确感受诗歌表达的情感,撰写朗诵脚本。 2. 设计朗诵引导词或串词。 3. 为朗诵作品选择合适的背景音乐,也可制作动态 PPT 为背景。 4. 小组成员都参与展示,设计多样的朗诵形式,排好朗诵队形	1. 通过涵泳、品味诗歌内容,学习做批注来进一步巩固朗诵脚本的写作。 2. 通过恰当的朗诵方式来表达自己对文学作品的理解	完成朗诵脚本的创作
倾情讲述	课内课外自选: 1. 长征故事、抗美援朝的故事。 2. 鲁迅、李大钊、闻一多等爱国文人的故事	1. 准备完整的故事讲稿,有条理讲述故事。 2. 讲稿有特色,有创新。(如开头设置悬念、采用第一人称来讲述故事等) 3. 故事讲稿能体现出间接抒情与直接抒情相结合的方式。 4. 故事讲稿的语言生动形象,有感染力。 5. 小组成员都参与展示,设计多种多样的故事讲述形式,如多人以不同视角共同讲述一个故事、借助配乐与配图讲述故事等	1. 通过《老山界》学习讲故事,条理清晰。 2. 通过《谁是最可爱的人》学习直接抒情与间接抒情相结合,使故事表达更富感染力	完成故事讲稿
激情咏唱	课内课外内容自选,推荐资源: 1.《保卫黄河》。 2. "经典咏流传"《木兰诗》。 3. 抗美援朝的故事表演。 4.《木兰诗》的故事创编等	1. 选择能够充分体现爱国之情与家国情怀的作品进行展示,完成创作或表演记录说明表。 2. 表演前说明小组的展示形式及选择原因。 3. 小组成员都参与展示。 4. 鼓励自创或改编歌词,自编或改编课本剧故事后进行表演	通过本单元课文的学习理解作者和作品主人公对于祖国和人民炽热的爱以及深沉的家国情怀	1. 完成创作(表演)记录说明。 2. 尝试歌词改编或剧本创编等具有挑战性的作业

(五)其他创新作业设计

1. 实践性作业设计

1) 观察性作业:提高观察能力,丰富生活积累

家庭生活、校园生活是学生生活的主要内容,教师引导学生观察自己的生

活、观察身边亲人、同学的生活，体会亲人对自己的关爱、家庭生活的温馨，体会同学之间的友爱、学校生活的有趣，可以加深学生对自己家庭、学校的认识，做生活的有心人。如学习《背影》后，布置作业让学生观察父母或其他长辈为自己做的事，体味其中蕴含的亲情，并写成一篇线索类亲情作文，使观察方法得到迁移。同时教师也要引导学生了解社会生活，多渠道、多角度地了解社会，知晓当今社会正在发生的大事，尤其是国计民生或社会热点之事。只有深入地了解社会，才会有深刻的思考，文章也才会呈现深刻的思想性。

2）操作性作业：深化知识理解，激发探究意识

学生亲自动手调查和思考，能加深他们对知识的理解，激发他们的探究意识。例如，语文实践活动中如何获得新闻素材等——布置学生依据某一主题自主进行校园采访，自主进行整理素材，并写出相关消息，然后每个小组制作一份报纸，设计报纸版面，发表相关消息，并美化版面等，最后大家进行评比，看哪个小组制作的报纸最有质量、最能吸引人。

3）表述性作业：学习言语交际，锻炼表达能力

学生讲一讲，发展表达能力。学生从初一刚入学就进行"课前演讲"。开始时"课前演讲"可以由教师确定主题，如"自我介绍""介绍名字的含义""推荐我最喜欢的一位作家""优美语段分享"。教师根据学生发展阶段的不同，对演讲主题提出不同的要求，比如主题明确、层次清晰、语言风趣生动。在这个过程中，学生的演讲能力得到锻炼，从羞涩拘谨到落落大方，从词不达意到清晰流畅，从念稿到脱稿，学生的临场应变能力、语言组织能力越来越强。学生也可以准备课本剧演一演，内化课文语言。对于故事情节性较强的课文，教师可设计演一演的实践性作业。学完《皇帝的新装》后，教师可布置学生回去准备课本剧。学生自由组合，分工合作，自己争取合适的角色进行表演，在表演的过程中揣摩人物的语言、动作、心理、神态，还可以加上自己的想象丰富人物形象细节。学生在表演中，加深了对课文角色的理解，更体味出这篇童话浓浓的讽刺意味，提高了学生的文学欣赏能力。

4）阅读性作业：拓展知识领域，增加知识积淀

阅读在语文教学中占有重要地位，大量的阅读可以开阔学生视野，提高学

生的阅读能力，课外阅读是课内阅读教学的必要补充。如学习课文《荷叶·母亲》后，教师可以推荐学生课外阅读《泰戈尔诗选》和《繁星》《春水》，使他们借此了解散文诗的特点，并了解冰心、泰戈尔的创作风格：捕捉刹那间的灵感，表达深刻的哲思；学习史铁生的《秋天的怀念》后，可以推荐阅读《我与地坛》，使他们从中了解史铁生的遭遇，了解他对生命的达观态度，体悟到作者深沉的情感；学习《记承天寺夜游》后，引导学生看《苏东坡传》和《东坡词话》，丰富学生对苏东坡的认识，汲取人生前进的营养。

2. 自主性作业设计

1）自主选择性作业

学生根据自己学习能力和特长爱好的不同在教师给出的选项中自主选择作业内容和形式。

2）自主设计性作业

教师可以指导并逐步放手让学生设计作业。学生开始时会感到茫然，一段时间后，学生的潜力得以激发，涌现出很多创意十足的作业设计，再让他们互相完成自主设计的作业。这项措施变"要我做"为"我要做"，让学生真正成为作业的主人。学生可自主决定读什么书、摘抄什么样的内容，如积累成语、名言警句、阅读积累课外优美语段、每日"我的 vlog"。

3. 初中语文探究性作业设计

1）课前预习作业设计类型

因学生差异，预习作业可运用分层设计激发学生自主探究的兴趣。完成作业的形式可多样，如口头、书面、绘图、迷你采访；可用知识卡片、小资料等来展示，避免作业的单调乏味。

预习作业功能主要体现在其导学性上，布置的预习作业以下一课时的主要学习任务为重，教师引领学生通过预习作业把握下一课时的学习方向，使预习作业成为下一节课的方向盘。如学习经典名篇《我的叔叔于勒》，需要学生去挖掘其内容的广度和思想的深度。如何做到省时高效，教师可以设计以下步骤让学生预习：寻读，找出文章的主要人物和线索人物，开启文章探索之旅；理读，理清文章的脉络，体会作品的构思美；品读，找出文中表现人物的句子细细品味,概括人物形象并学习人物塑造的方法;说读,说说对文章主旨、写作特色的理解。如此,让学生从感性认识到理性探究,由浅入深一步步深入探究文本,逐渐深化学生对文本的认识。

2)课后积累类作业设计

在整本书阅读作业设计中笔者已经提到过课后积累摘抄这种作业类型,这里把这种类型的作业进行拓展,升级为"读书交流类"作业。

学生在自己的"积累本"上每日摘抄赏析或写微书评。班级每学期至少有两部共读书目,读完后会召开读书报告会,以小组为单位,这个小组可以是班级日常小组,也可以是自由组合小组,自己确立交流主题以及交流形式,如制作主题手抄报、为名著设计封面、百家讲坛、辩论、表演。

线上交流式。可以在"豆瓣"上创建读书讨论小组,在小组内发表读书感受,互相点赞或发表评论,看哪个小组关注量最大。或者建立微信或QQ读书交流群。拓展展示媒介平台,最大程度上使读书交流形式灵活自由,营造更好的日常读书氛围。

3)学科综合探究类作业

《新课标》在拓展性学习任务群中首次提出跨学科学习,意在拓宽语文学习和运用领域。语文作业设计也可以不局限于语文这一学科,尝试跨学科布置,强调多学科之间的综合,增强作业的开放性与探究性。语文可与历史、政治、生物、美术等学科相结合,联结课堂内外、学校内外,拓宽语文学习领域,建立丰富的知识体系。统编初中语文教材八年级上册第二单元以说明文为主,涉及地质学、生态学等相关科学知识,适宜与地理、生物等学科进行跨学科学习及作业布置。如在学习《大自然的语言》一文时,先布置预习作业:收集几句关于气候的谚语,了解生活中可以通过观察哪些自然景物及动物的变化来了解气候的变化。在调查过程中,学生了解了一些自然科学知识,受益匪浅。其间,他们还设计了调查表,最后共同合作完成了一份完整的调查报告。在这次探究学习中,学生将语文学习与自然科学有机结合在一起,运用多学科知识分析问题、解决问题,提高了语言运用能力。

三、作业设计的反思与展望

（一）以整体思维设计作业

此次作业的研究，在整体规划方面做了较大突破，一改以往完全以课时为单位设计作业的形式，而是至少以单元为一个整体，或读写融合，或与综合性学习结合，通盘考虑、细致规划，这样的整体思维，有利于知识的系统化传授，有利于语文能力的系统化培养，更有利于学生语文素养的综合提升。但是这对教师提出了更高的要求，需要教师以整体思维规划课堂教学与作业设计，需要教师的精心设计周密安排，才能最大限度地开发作业的潜能。

（二）作业精细化，尝试多种作业形式

平日的作业随意化特点较为突出，本次作业的研究，教师尝试并开发了多种作业形式，阅读类、写作类、演讲类、表演类等不一而足。作业的设计愈发精细，不但作业的形式多样，而且进行作业的分层，根据作业特点及难易、根据学生特点及兴趣，自主选择与自主设计相结合，照顾到各个层次的学生，真正做到以学生为主体。

（三）促进学生语文素养提高

通过教师在语文作业的设计和评价等环节的努力，学生在一定程度上脱离了"题海"；通过实践，笔者发现用心设计、评价、展示的语文作业有利于培养学生的观察能力、阅读能力、动手能力，有利于培养学生的创新意识与创新能力，更重要的是能引领学生走进生活、体验生活、感悟到生活处处皆语文、语文点滴含生活真谛。同时，一些表演类、调查类作业需要学生之间的合作，为完成这类作业，他们既要分工，又要合作，相互信任、彼此帮助，在互动中交流，在交流中合作，增强了学生的合作能力。

虽然教师积极进行了许多探索，但随着研究越深入，疑问产生越多，同时也发现了诸多不足。

随着信息手段逐渐融入教育，信息化与作业的融合将成为未来作业的一种趋势，但线上作业有线下取代不了的优势，即作业资源丰富，批改反馈更为

及时，数据收集更为便利、科学等，当然它也有显而易见的劣势，如何把线上线下作业相结合，将不同类型的作业合理分布，有效整合它们各自的优势，将是接下来研究的方向。

另外，本书的研究对于丰富初中语文作业类型、提高学生作业兴趣及效率有着积极的意义，但是对于作业类型的梳理划分还不够科学。虽然本书的研究为科学研究初中语文创新探究类作业提供了一点思路，但是由于笔者的统计学知识还不够丰富，对于学生作业效果的数据收集、分析、呈现还不够科学严谨。对此，在今后的研究过程中，笔者要不断学习先进的教学理念，丰富自身的知识储备。

另外，作业最重要的功能是促进学生核心素养的发展，因此，优化作业设计应聚焦学生发展。这就要求教师思考作业与教学、评价之间的相互关系，充分发挥三者的协同作用，这也是笔者接下来努力的方向。

总而言之，语文作业设计应当注重"以生为本"，以调动学生的主动参与和积极思维为重，让学生在完成语文作业的学习活动中，培养学习能力，提高核心素养。

协同创新：
区域集体备课模式的变革与支持

第十五章

区域单元整体教学的推进：
构建以教师为中心的教研

单元整体教学采用的是生态思维、系统思维，这也是课程思维的具体执行过程，需要从理念和实践两方面进行推进。破解区域教研集备存在的难题，构建以教师为中心的集备方式，实施供给侧的改变，是区域单元整体教学推进的重要任务。

一、区域教研存在的主要问题

（一）四、五级教研之间难以有效衔接

2019 年教育部《关于加强和改进新时代基础教育教研工作的意见》（教基[2019]14 号）将"校本教研"纳入省、市、县校五级教研体系中。"校本教研"没有承接第四级的"行政机关—教研机构"，是具有相对独立性的教研形态。在"自上而下"的工作中，多由教研员采用区域教研活动和学校调研指导等方式进行。由于区域内学校众多，无论是新政落地，还是新方法实施，都会出现迟滞现象。在"自下而上"的过程中，教师一线教学中的问题常常止步于校本教研。两级教研之间出现了堵点。因此，将"校本教研"纳入五级教研体系，需要我们进一步准确理解和把握教研的定位与定性，加快教研工作的整体转型，及时推进教育治理体系和治理能力现代。

（二）区域教学中学科、学段之间壁垒厚重

从学生素养培育角度审视当前区域内的教育教学工作,学段之间衔接不足,学科之间缺少联系。学生必须自己承担起联结学习内容的责任,即使他们已经做了统整,仍无法意识到自己已经运用了跨学科学习的经验,能力却无法得到持续锻炼和提升。当前割裂的单一学科课程模式已经难以承担起"全面育人"的重任。

新课程理念强调加强学科之间的联系、融合,促进学生从多元角度和观点来整体理解问题,促进学生批判性思考、决策能力及价值观的全面发展;强调引导学生有效地解决问题,通过合作,加强自我反思能力,进而提升学生的核心素养。然而,由于当前存在单学科纸笔为主的评价方式,学校缺少学科整合研究的动力,不同学科教师之间缺少合作的渠道和愿望,综合化、实践化的教学方式难以真正实现。

（三）校际、学科间师资发展不均衡

由于教育师资存在断层问题,区域内教师老龄化严重,在接受新理念、运用新方法方面响应滞后、行动不足。区域内学校多,校际师资发展不均衡,校内不同学科教师发展不均衡。尽管区教研活动注重学术研究,充分发挥"三名"人才的辐射效应,但覆盖面仍旧较窄。

基于上述问题的分析,在区域内推进单元整体教学,需要教研重心下移,打通四、五级教研之间的堵点,联通学科,融通学校,贯通学段,以教研范式的变革,带动区域的发展。

二、关于集体备课与教研的历史研究

区域推进需要每一位教师参与其中,需要优化集体备课方式,改变教研范式。唯有集体备课和教研活动成为学校、区域教育工作的重点,才能改变教师的理念,帮助大家掌握实践操作能力。

（一）关于"集体备课"的研究

国内学者研究的领域主要包括集体备课有效性研究、集体备课形式研究

两方面。

在集体备课有效性研究方面，研究者主要从教师积极性、评价方法、教后反思和学习备课机制等方面给出了提高集体备课有效性的建议。如陈旭远、贺成立的《有效备课》一书针对现阶段备课有效性存在的问题提出加强学习提高对备课的认识、减轻书写负担提高备课效率、改革评价方法提高备课实效和鼓励写教后记促进教师反思教学四个方面的策略。

对集体备课形式的研究分为两类，一类是对现有的集体备课形式进行研究，另一类是提出新的集体备课形式的研究。舒文静在《浅谈语文集体备课的几种形式》一文中具体阐释了"固定时地式""活动式"集体备课的内涵。张鑫提出"346"模式集体备课分为准备分析、创造提高、整理总结三个阶段，有"分散—集中—再分散—再集中"四部曲，一本教案由授课计划、单元备课计划、全册备课、单元备课（单元检测）、课时备课、教学札记六部分组成。2021年游孙瑛、陈华忠在《信息化时代如何高效备课》一文中总结，福清市教师进修学校大力组织全市中小学名优骨干教师成立各学科各年段备课中心组，积极支持和推动各中心组开展集体备课活动，以此引领全市各校开展同学科同年段的备课活动，整体提升区域校本教研效率与品质。此活动从变个人备课为集体备课，变课时备课为单元备课，变纸上谈兵为直观展示，变个人使用为资源共享四个方面入手，既有助于节省一线教师的时间，减轻他们的工作负担，又可以实现优质教学资源的共享，有效促进区域教育均衡发展。2022年汪杜成在论文中指出，整体备课效率相对较低，集体备课形式化特征严重，需要对教学功能予以明确，对问题进行协力解决，对备课形式予以创新，进一步深化数学教材，对备课要点进一步明确使备课效果有所提升。郭哲男在《集备文本的细微精准刍议——对汕尾、河源支教有感》一文中提出，要从细循常，即"从细微处入手，从常规抓起"[1]，要提升薄弱学校的教学情况，要在集体备课上下功夫。

随着课程改革的不断深入，越来越多的学校认识到集体备课对于教师能

---

[1]　郭哲男. 集备文本的细微精准刍议——对汕尾、河源支教有感 [J]. 名师在线,2020（26）：90-91.

力和教学效果的重要作用。但是大多数的研究没对问题出现的原因做进一步分析,有的研究虽然提出新的集体备课对策,却因缺乏操作性而难以实施,对教师能力的提高收效甚微。

(二)关于教研范式的研究

关于教研范式的研究主要包括教研范式的理论和实践研究两方面。王银飞在其硕士论文《论过程哲学视野中的教学研究范式》中指出,教研范式应该借鉴过程哲学中的有益思想,进行一些视角的转换。教学不再是一个封闭的系统,而是一个开放的、相互联系的系统。[①] 徐建林、吴晓亮的《"教·研"统整:教育科研成果推广的区域范式》一文中提出,"教·研"统整式教育科研成果推广是将科研成果深入应用到教学实践中,并在实践中再研究、再升华、再创新。在推广过程中要厘清成果推广的价值取向,建立保障机制,形成路径范式。[②] 2022 年季海东、谭强撰文指出,有效教研新范式是聚焦"双减"背景下课堂教学的提质增效,在一定教研文化引领下,按照学校教研规划和教研具体流程,围绕教学问题进行研讨的教学研究方式。

教研机构是提高教育质量的重要保障,是我国基础教育发展的特色。正如程介明在《上海的 PISA 测试全球第一到底说明了什么》一文中指出:"中国教师经常地、有组织地进行专业的研讨与提高,也是其他国家难以比拟的。"[③] 国外可供直接借鉴的经验比较少。

梳理国外教师教研的发展演变过程,可以看出,国外教研内容都以教师从事的教学活动为主要内容,以课程教学的实际为基础,与教师的教学实践紧密结合。形式上注重团队合作模式,校内校外均有相互学习的方式,但由于缺少管理组织,教师的专业发展过于依赖教师的自觉性。1947 年,俄罗斯联邦教育发布了《学校教学法研究规程》,要求在小学按照年级设立教学研究指导组,

---

① 王银飞. 论过程哲学视野中的教学研究范式 [D]. 重庆:西南大学,2006.

② 徐建林,吴晓亮."教·研"统整教育科研成果推广的区域范式 [J]. 江苏教育,2021.

③ 程介明. 上海的 PISA 测试全球第一到底说明了什么 [J]. 探索与争鸣,2014(01):74-77.

在中学按学科设立各科教学研究指导组。其后,日本的"授业研究"受到西方国家的普遍关注,其基本程序是:授课被其他教师观摩;通过合作的方式备课;每堂课有特定的教育目标;授课被全程记录并作为文件保存;所有参与教师(包括研究者)一起讨论这堂课。教师集体备课、教学和反思等都是由教师合作完成的。20世纪80年代初期,美国学者乔伊斯和肖尔斯发现了教师同伴的重要性后,提出让学习教学和课程的教师组成小型的"同伴指导小组",以促进教师的发展并间接影响学生的学习。①20世纪80年代末,美国鲍文斯和胡卡德提出了"师师互动"为典型的合作学习。他们提倡两名或者两名以上的教师同时在课堂上承担授课责任,共同处理课堂事务,教师在课堂上直接进行帮助和合作。20世纪90年代开始,美国提出"专业学习共同体"这一概念并在学校推广,希望通过教师和管理者不断探究、分享、共同学习,提高专业教学效率,力求学生、教师和学校的共同发展,使学校真正成为一个兴盛的学习者社区。进入21世纪,各国加强了国际间、区域间的教学合作。

国内外学术界都肯定集体备课是提升学生素养、教师专业水平的可行路径。国内的教研范式研究多在有效性、活动策略上进行研究,为区域的教研集体备课奠定了基础。但如何实施系统的单元整体推进,大部分研究者缺乏实际的区域教研组织经验,缺乏有实际操作性的分析框架,较为空泛单一。切实推动教师专业发展、区域教育提升,必须变革教研的层次机制、形式机制和功能机制,推进优质教育资源共建共享,满足人民群众对优质教育的期待。

三、构建"以教师的学为中心"的教学研讨机制

以"学习者的学为中心"的理念,不仅指在课堂教学方面要打造"学"为中心的语文课堂,还指在教研方面要构建"以教师的学为中心"的教研机制,推动课堂范式和教研范式的双向发展。在推进单元整体教学的过程中,不仅需要教师群体的理念变革、实践行动,也需要从区域视域下有效推进教研机制的变革,系统化地解决实践中的问题。

---

① 胡小勇,曹宇星,陈孝然. 信息技术赋能混合式研修范式优化:教师集体效能视角 [J]. 中国远程教育,2022(1):20-26.

（一）以系统化视角解决教育实践中的问题

区教研活动以单元整体教学设计为载体,基于一线教师的经验,通过集体备课的方式帮助一线教师将普适性、较为宏观抽象的核心素养转化为具体的课堂教学的行为;通过教研重心下移,以合作的参与方式,打通四、五级教研之间的堵点;让教师经历合作式备课全过程,助推《新课标》落地,推进育人方式变革,促进学生多样化发展,全面提升区域教学质量,构建区域可持续发展的教育生态。

（二）从教研分离走向整合提升

区教研活动理清了影响校本教研、教师发展的各个因素,聚焦关键问题,有效链接了教学与教研;构建了集体备课的双向互通路径,形成单元整体推进的三方支持驱动机制,采用整体规划、层级推进、分类研究的发展过程,实现了对一线教师备课全区域、全要素、全过程、全方位的指导,建立了课堂教学改进的整体框架与学科特色路径,建构起区域内教师教研与培训新范式。

（三）创新开展单元整体集体备课方式

区教研活动改变了教研思路,创新了集备方式,在区域内建立了行政部门支持、教研部门指导、高校专家引领、全体教师参与、横向学科联合、纵向学段延伸、区片共同体协同发展的立体多元的单元集体备课模式。

区教研活动基于大概念和学生经验,对教材内容和教学资源重构而组成的学习单元,以单元为基本的备课单位,强调教师在单元教学中持续培养学生的能力、提升学生的素养。区教研活动从学生学习的视角思考教学的准备、实施、评价,带领学生从孤立的知识、独立的课时学习走向关联的知识、整合的单元学习,促进知识的系统化、结构化和学科素养的落实。

区教研活动实现了全区域覆盖、全要素包含、全过程跟进、全方位指导的推进机制。其立足学校学科组发展,聚焦校本教研中的集体备课环节。集体备课活动开展,促使教师深入研究《新课标》,积极开展单元教学以及主题化、项目式等综合性教学的研究活动;解决了当前单元教学设计思路窄、结构化设计困难、情境任务搭建简单化的问题。从传统的经验主义走向科学的理据分析,集体备课将成为教师基于单元教学内容的整体思考,根据教材内容的内在逻辑关系、与学科素养的关联及学生学习的内在实际需求,以完成学习任务为目的,对教材内容进行重组设计的体验式研训过程。

四、区域整体推进的实践与反思

单元整体推进是教师基于单元教学内容的整体思考,根据教材内容的内在逻辑关系与语文学科素养的关联及学生学习的内在实际需求,以完成学习任务为目的,对教材内容进行重组设计,最终实现教学知识传递、获取、储存、共享、创新的体验式研训过程。

(一)优化集体备课环境,丰富集体备课形式

备好课是上好课的前提。在集体备课中,教研组成员要集思广益,展开广泛互动讨论,特别要对创新教法进行深入探究,对教学中可能出现的问题进行预判,对学情展开调查,以提升课堂教学的针对性。如何为学科教研组创设积极、热烈的集体备课环境,如何精选适合学情与地域特点的集体备课内容,如何创新多元、旋转的集体备课形式,如何拓宽集体备课视野,是学科教研需要攻坚的重要课题。

创设集体备课环境是提高集体备课效率的关键因素。集体备课是教研组的集体行为,在集体备课程序启动时,要在征询集体意见基础上展开,挑选适合的时间段及适合的空间(线上＋线下),能够让成员积极互动,达成集体备课共识,激活成员的教研主动性。在集体备课过程中,以任务为驱动,让每一位成员都能够畅所欲言,展示自己的个性观点,并在具体分析中达成更多共识。

丰富集体备课形式是提高集体备课效率的重要途径,可满足不同成员的不同需求。大范围的集体备课,可以关涉其他年级,甚至跨学科;小范围的集体备课,也可以吸引学生参与。让集体备课成为一种教学研究的手段,其应用范围便会无限拓展。教师还可以利用网络信息共享平台,邀请专家或者学生家长参与集体备课,提升集体备课的互动性,增加集体备课的研究性,对全面提升成员教育教学研究能力有重要帮助。

(二)完善集体备课流程,建立个人与系统的多元互动

1. 个人自备,重视文本研读

文本研读是备课的前提和基础,文本能读多深,备课就能站多高。而初中语文教材以人文性为价值取向,撷取的篇章蕴含着丰富的人生哲理思考和智慧资源,能给予学生正确对待生活、适应生活的精神养料。教师应当充分对文本进行研读,发现其中的闪光点,珍视自身的阅读体验,将其作为教学的重要起点。

2. 协同互动,聚焦单元设计

课堂活动设计是备课的重中之重,设计怎样的课堂活动,就拥有怎样的课堂品质。因此在这个过程中,教师要积极地建立个人与备课组的互动、学校与学校间的互动。区域内备课共同体集体备课单元教学目标,共同确立单元任务,优化教学资源,分析评价设计。

3. 协同创新,进行区域分享

单元整体集体备课的一个显著特点是对教学资源进行有效整合。其中需要重点解决三个问题:一是整合单元学习内容;二是明确单元教学的整体思路;三是确定单元教学的基本课型(包括精读课、略读课、习作课、口语交际课等)。鉴于此,以区片或以集体备课共同体为中心在单元学习主题和单元教学目标的指引下,教师对教材内容进行合理的增、删、调、改,并由此建构单元教学的整体思路,之后进行教学方案的编制。编制教学方案时,教师应根据单元基本课型,着重编写单元典型课或重点课的教学方案。随后,各主导备课学校借助课件,将典型课或重点课的课堂教学流程串联一遍,通过线上展示给其他学校。

各交流学校围绕主导备课人的汇报展示进行深度交流。一般先由二到四位事先确定的中心发言人做核心点评;随后其他成员学校提出自己的看法与修改意见;最后主备学校完成两项任务:一是充实、完善典型课或重点课的教学方案,二是准备好配套的课件。

总之,单元整体集备要具有整体视角和宏观思维,强调对一个单元的学习内容进行梳理与整合,关注学生整体学习的过程,有助于学生构建完整的知识

体系,提升核心素养和综合素质。单元整体集体备课要创设大情境,设置大结构,解决大问题(核心素养);内容全观览,过程全覆盖,评价全方位。单元整体集体备课需要做好任务规划,让每一位参与教师动起来。每一次集体备课都需要建立完善的操作体系和操作思路,让成员有所收获,有效提高成员的教研能力。

参考文献

[1] 中华人民共和国教育部.义务教育语文课程标准(2022年版)[M].北京:
　　北京师范大学出版社,2022.

[2] 中华人民共和国教育部.普通高中语文课程标准(2017年版2020年修订)
　　[M].北京:人民教育出版社,2020.

[3] 中华人民共和国教育部.义务教育语文课程标准(2011年版)[M].北京:
　　北京师范大学出版社,2011.

[4] 李吉林.40年情境教育在路上——催开教育智慧的花蕾[M].北京:人
　　民教育出版社,2018.

[5] 余映潮.余映潮讲语文[M].北京:语文出版社,2008.

[6] 夏丏尊,叶圣陶.文心[M].北京:三联书店,2008.

[7] 叶圣陶.叶圣陶谈语文教育[M].杭州:浙江文艺出版社,2012.

[8] 夏丏尊,叶圣陶.国文百八课[M].北京:新知三联书店,2008.

[9] 于漪.我和语文教学[M].北京:人民教育出版社,2006.

[10] 张颂.朗读学[M].北京:中国传媒大学出版社,2020.

[11] 余映潮.余映潮阅读教学艺术50讲[M].西安:陕西师范大学出版社,
　　2008.

[12] 王荣生.散文教学教什么[M].上海:华东师范大学出版社,2014.

[13] 程翔.我的课堂作品[M].北京:商务印书馆,2020.

[14] 杨杏红.语文朗读教学的有效实施[M].长春:吉林大学出版社,2021.

[15] 陆智强.语文读出来[M].武汉:长江文艺出版社,2021.

[16] 李镇西.听李镇西老师讲课[M].上海:华东师范大学出版社,2007.

[17] 王映学,段宝军.教学生态研究的理论基础、基本框架及方法[J].扬州
　　大学学报(高教研究版),2023(04):32-42.

[18] 张心科. 阅读与写作教学中读与写的异同——重新审视"读写结合" [J]. 语文建设, 2021 (08): 18-23.

[19] 杜春. 基于统编初中《语文》阅读体系的教学策略 [J]. 中学语文, 2021 (06): 15-17.

[20] 王君, 张绪凤. 依据文本特质, 有效落实"三位一体" [J]. 语文建设, 2018 (16): 17-20.

[21] 刘春文. 整合主题, 推进古诗文统整教学 [J]. 语文教学通讯, 2020 (35): 40-43.

[22] 嵇康. 初中单元统整教学任务的设计 [J]. 中学语文教学参考, 2020 (21): 18-19.

[23] 严闵, 魏小娜. 加拿大母语教材《精通阅读》(5～8年级) 的编写特点及启示 [J]. 中学语文教学, 2020 (08): 83-86.

[24] 王克强. 德国中学培养学生阅读能力的路径 [J]. 中学语文教学, 2019 (01): 83-85.

[25] 王克强. 芬兰提升中学生阅读能力的路径 [J]. 中学语文教学, 2020 (03): 86-88.

[26] 窦玉苗, 朱文彩. "语文主题学习"单元整体推进略谈 [J]. 文理导航 (下旬), 2016 (09): 60.

[27] 刘菊春, 张琼. 对标定点 统整推进——统编初中语文教材单元整体化教学思考 [J]. 福建基础教育研究, 2021 (10): 39-43.

[28] 冯晓波. 初中语文单元整体教学中核心任务的设计与评价 [J]. 中小学课堂教学研究, 2022 (05): 45-49.

[29] 宋阿芬. 以多元评价促语文"教·学·评"一体化 [J]. 福建教育学院学报, 2022, 23 (05): 73-74.

[30] 林小芳. 指向文化意义增值的绘本教学策略 [J]. 教育实践与研究 (A), 2020 (09): 33-37.

[31] 温儒敏. "部编本"语文教材的编写理念、特色与使用建议 [J]. 课程·教材·教法, 2016, 36 (11): 3-11.

[32] 黄厚江. 问题的提出和解决 [J]. 语文教学通讯. 2015（05）：22-24.

[33] 王谦书. 化零为整　化繁为简——"主问题"教学在高中语文学案编制中的运用 [J]. 语文教学通讯，2014（31）：78-79.

[34] 黄厚江. 共生教学：看得见学习成长的课堂 [J]. 语文建设，2018（08）：40-43.

[35] 黄伟. 阅读教学的层级设计：教有路径，学有实效——对三个教学设计的解读 [J]. 中小学课堂教学研究，2020（08）：25-26.

[36] 廖锦婉. 初中语文作业分层布置策略 [J]. 新课程研究（下旬刊），2015（09）：31-32.

[37] 白晓丽. 中学语文家庭作业的分层设计 [J]. 中国校外教育，2015（30）：58.

[38] 郑惠梅. 关注差异乐享分层作业——小学中学段语文作业分层优化设计的探讨 [J]. 教育界（基础教育），2019（12）：110-111.

[39] 汪杜成. 核心素养下高中数学学科教师有效集备的模式研究 [J]. 当代家庭教育，2022（14）：118-120.

[40] 游孙瑛，陈华忠. "中心组集备"：以高品质备课夯实区域校本教研 [J]. 福建教育，2021（44）：25-26.

[41] 舒文静. 浅谈语文集体备课的几种形式 [J]. 语文教学之友，2010（06）：8-9.

[42] 郭哲男. 集备文本的细微精准刍议——对汕尾、河源支教有感 [J]. 名师在线，2020（26）：90-91.

[43] 吴晓亮，徐建林. 校本表达：一线科研成果的推广范式 [J]. 教育视界，2021（10）：15-18.

[44] 季海东，谭强. "双减"政策背景下构建有效教研新范式 [J]. 教师博览，2022（12）：7-8.

[45] 程介明. 上海的 PISA 测试全球第一到底说明了什么 [J]. 探索与争鸣，2014（01）：74-77.

[46] 赖丽梅. 初中语文单元整体推进课的教学探索 [J]. 散文百家（新语文

活页),2019(03):65.

[47] 王潇枭.生态化视野下的中学语文课堂教学研究 [D]. 西安:陕西师范大学,2014.

[48] 刘娟.中学语文分层作业策略研究 [D]. 长春:东北师范大学,2011.

[49] 王银飞.论过程哲学视野中的教学研究范式 [D]. 重庆:西南大学,2006.